무조건
팔리는
스토리 마케팅
기술 100

사람의 마음을 100% 움직이는 공감의 브랜딩

무조건 팔리는 스토리 마케팅 기술 100

**"잘 파는 사람은
물건이 아니라 이야기를 판다!"**

가와카미 데쓰야 지음 | 최지현 옮김

동양북스

인기 카피라이터의 마케팅 기술은?
"물건을 팔지 말고, 이야기를 팔아라!"

사람의 마음을 움직이면
따로 영업하지 않아도 자연스럽게 팔린다

어느 추운 겨울날, 지방의 레스토랑에서 식사를 마치고 나왔을 때 레스토랑 점장님이 쫓아와서 손에 핫팩을 쥐여준 일이 있었다. 요리나 서비스는 잊었지만, 이 일만큼은 따뜻한 이야기로 기억속에 남아 있다.

이렇게, 사람은 기대하지 않은 사건이 일어나면 마음이 움직여 특별한 감정이 생기고, 그 회사나 가게의 팬이 될 가능성이 커진다.

이것이 바로 스토리의 힘이다.

또한, 이런 경험도 있지 않은가?

TV를 켰더니 어떤 드라마가 나온다. 여주인공이 불치병에 걸린 내용인
가보다. '요즘 세상에 불치병이 어디 있어?'라고 속으로 생각하지만 그
래도 일단 본다. 그런데 이게 무슨 일? 드라마가 끝날 때쯤엔 감정 이입
을 제대로 했는지 눈물, 콧물을 쏙 빼고 말았다.

뻔한 내용인 걸 아는데도!

그렇다. 사람은 똑같은 패턴의 이야기를 보고도 그때마다 감동
해버리는 동물이다. 같은 이야기를 수십, 수백 번 보면서 눈물을
흘리는 사람도 있다.

이처럼, 이야기(즉, 스토리)는 사람의 마음을 움직이고 기억에
각인시키는 힘을 가지고 있다. 그런 이야기의 힘을 비즈니스에
활용한다면 어떻게 될까?

만약 당신의 회사나 가게에서 '스토리 마케팅 기술'을 활용한다
면, 6개월이나 1년 후에 깜짝 놀랄 만한 성과를 얻을 것이다.

지금, 당신이 팔고 있는 상품은 좋은 상품인가요?

물론 당신은 자신 있게 좋은 상품이라고 할 것이다. (안 그러면 곤란하다.) 하지만 당신이 놀랄 만한 사실이 있다.

'좋은 상품은 팔리지 않는다'라는 것이다.

뭐? 좋은 상품이 안 팔린다니 무슨 소리지?

안타깝게도 이것은 사실이다. 정확하게 말하면 좋은 상품이기만 해서는 팔리지 않는다. 고객이 좋은 상품이라고 생각해야만 팔린다는 뜻이다.

그럼, 어떻게 해야 고객이 좋은 상품이라고 생각할까?

일반적으로 좋은 상품을 판단하는 중요한 요소는 품질과 가격의 균형이다. 이른바 '가성비'라 불리는 것이다. 또한, 상품의 매력을 전달하는 '광고'도 빼놓을 수 없는 중요한 요소다.

하지만 품질과 가격, 광고가 아무리 중요해도 이걸로만 승부를 보려고 하면 대다수의 회사나 가게는 결국 운영이 어려워질 것이다. 압도적인 힘을 가진 업계의 최강자, 대기업을 상대해서는 승산이 없기 때문이다.

물건(상품) 그 자체를 팔려고 하면 싫든 좋든 품질, 가격, 광고의 전쟁터에 뛰어들 수밖에 없다. 그러면 상대적으로 고객이 좋은 상품이라고 생각할 가능성이 줄어든다.

그럼 뭘 팔아야 할까?

바로 이야기, 즉 스토리다.

물건을 팔지 말고,
이야기를 팔면 무조건 팔린다!

인간은 이야기 없이 살아갈 수 없는 동물이다. 문자가 만들어진 아주 먼 옛날부터 이야기는 계속해서 인간을 매료시켜 왔다. 인간의 마음을 가장 잘 흔드는 것은 언제나 이야기였다.

당신의 회사나 상품이 고객의 마음을 흔드는 이야기를 보여준다면 가격과 품질, 광고의 전쟁터에서 굳이 싸우지 않아도 좋은 상품이라는 인상을 줄 수 있다.

그래서, 이야기의 힘으로 당신의 회사, 가게 그리고 상품을 빛나게 하는 방법을 '스토리 브랜딩(스토리 마케팅)'이라고 이름 붙였다. 이것은 이야기의 힘을 마케팅에 사용해서 제품을 브랜딩하는 것이며, 돈을 적게 들이고 제품을 파는 가성비 높은 마케팅 기술이다.

이 책에서는 스토리 브랜딩을 실천하기 위한 구체적인 방법과 성공 사례를 소개한다. 내가 '스토리 브랜딩'을 제창한 지도 15년이 넘었다. 여러 서적과 강연 등에서 말한 내용 중에서 가장 효과적인 '스토리 마케팅 기술 100가지'만을 뽑아 정리했다. 이론적인 내용은 최소한으로 하고, 이야기의 '씨앗'을 심는 법에 대해 구체적 예시를 들었기 때문에 누구라도 실천하기 쉽다.

당신이 무언가를 파는 사람이라면,

이 책에 나오는 '스토리 마케팅 기술 100가지' 중 하나라도 실천해보길 바란다.

그 결과 회사, 가게, 상품, 그리고 당신이 빛나서 고객과 유대감이 깊어지며 사업이 번창한다면 저자로서 그보다 기쁜 일은 없을 것이다.

당신의 비즈니스가 승승장구하길 응원한다.

스토리는 어둠 속에서 빛나는 북극성이다.

이야기가 왜 효과적일까? 이야기를 통해 머릿속에 떠오르는 이미지를 공유할 수 있기 때문이다. 사람들이 같은 이미지를 공유하고 있으면 자연스럽게 그곳으로 함께 걸어가고 싶은 마음이 든다. 즉, 스토리는 어둠 속에서 빛나는 북극성 같은 역할을 한다.

| 차례 |

내 이야기라고 생각하게 만드는 스토리
"어떻게 해야 필요한 상품처럼 보일까?"

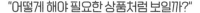

4장

물건이 아니라 이야기를 팔아라 _ 성공사례
"물건을 팔려면 어떤 이야기를 해야 할까?"

5장

사람 마음을 100% 움직이는 공감의 브랜딩

"나만의 이야기를 하면 독보적인 존재가 된다"

※ 이 책에서는 이야기, 스토리라는 두 개의 단어를 구별하지 않고 거의 같은 의미로 다루고 있습니다. 마찬가지로 '이야기'라고 번역되는 '내러티브'라는 영어단어가 있는데요. 이 책은 이론보다도 이해를 중시하기 때문에 굳이 '내러티브'라는 단어를 쓰지 않고 이야기, 스토리라는 말로 통일했습니다.

※ 일부 사례는 코로나19 여파로 인해 당시와 상황이 크게 달라지기도 했습니다. 하지만 그런 경위를 자세히 소개하는 일은 '스토리의 씨앗을 심는 법, 기르는 법'을 소개하는 이 책의 취지에서 벗어나기 때문에 해당 내용을 생략한 점, 양해 부탁드립니다.

1장

내 이야기라고
생각하게 만드는
스토리

"어떻게 해야 필요한 상품처럼 보일까?"

사람의 감정을 뒤흔드는 건
언제나 '이야기'다

경쟁자와 차별화 하는 법

"실용적이진 않은데 첫눈에 반한 물건이야."

"말로 설명은 못 하겠는데, 이 상품이 꼭 갖고 싶어!"

"이유는 없지만, 1주일에 한 번은 그 가게에 가고 싶어."

어떤 물건을 사려고 할 때 이런 경험을 한 적이 있을 것이다.

사람이 물건을 사거나 서비스를 이용할 때, 두 가지 경우가 있다. '머리로 사느냐(이성적 소비), 아니면 마음으로 사느냐(감정적 소비)'다.

이성적 소비란 실용성, 편리성, 그리고 얼마나 유명한지를 중요하게 생각하는 방법이고, 가격과 품질의 균형을 고려해서 합리적으로 사는 소비를 말한다.

반면에 감정적 소비란 이성적으로 생각하면 나에게 도움이 되지 않고 조금 비싸지만, 왠지 모르게 갖고 싶어서 사게 되는 소비 스타일이다. 예를 들면, 다음과 같다.

- 요즘 빠져 있는 취미와 관련된 물건을 사는 것
- 좋아하는 아티스트, 아이돌의 음반, 굿즈 등을 사는 것
- 좋아하는 스포츠팀의 경기 티켓이나 굿즈를 사는 것
- 브랜드 가방, 액세서리, 고급 자동차, 고급 시계 등을 사는 것
- 여행지의 공항이나 역에서 기념품을 사는 것

당신의 가게나 회사가 대기업이나 가맹점이 아니라면 소비자가 감정적 소비를 하게 하는 것을 목표로 해야 한다. 이성적 소비는 규모가 큰 쪽이 압도적으로 유리하고, 작은 회사나 가게는 상대가 되지 않기 때문이다.

POINT

스토리기술
감정적 소비를 하게 할 때 가장 효과적인 수단이 '스토리'를 활용하는 것이다. 사람의 감정을 흔드는 것은 언제나 '스토리'다.

만족해도
다시 찾지 않는 이유가 뭐지?

....
#작은 회사가 제품을 파는 법
....

고객 만족Customer Satisfaction, CS라는 마케팅 용어가 있다. 1980년
대 미국에서 탄생한 개념으로 수많은 기업이 '고객 만족'을 목표로
노력해왔다. 물론 '고객 만족'은 지금도 중요한 요소다.

하지만 만약 당신의 회사나 가게가 대기업이나 가맹점이 아니
라면, 고객을 만족시켰다고 해도 그 고객이 다시 찾아줄 가능성
은 적다. 고객의 입장으로 보면 그 이유를 쉽게 상상할 수 있다.
다음과 같은 상황을 생각해보라.

• 누군가와 처음 가본 식당. 무난하게 맛도 있고 가격도 적절하고 괜찮

았다. 그런데 앞으로도 그 가게에 자주 갈까?

• 가족 여행으로 갔던 펜션. 서비스에 만족했지만, 다음 해에 여행을 간다면 똑같은 펜션을 또 갈까?

반드시 그곳을 다시 찾거나, 다시 이용하진 않을 것이다. 왜 그럴까? 인상에 강하게 남지 않았기 때문이다. 즉 '잊어버린 것'이다. 대기업의 가맹점이라면 어디를 가더라도 매장이 있으니 잊어버려도 다시 생각이 난다. 그래서, 가맹점은 고객이 처음 방문했을 때 만족하면 다시 찾는다. 유명한 대기업도 마찬가지다. 그 기업 제품 광고를 보고 생각날 기회도 있다.

하지만 작은 회사나 가게는 다르다. 단순한 '고객 만족'만으로는 인상에 강하게 남지 않는다. 그래서 잊어버리고 다시 찾지 않는 것이다.

POINT

스토리기술
당신의 상품, 회사, 가게가 계속 팔리기 위해서는 만족 그 너머에 있는, 마음을 울리는 무언가를 제공해야 한다.

꼭 알아두기
고객의 '기억에 남을 수' 있는 특별한 스토리를 만들자.

스토리는 창조하는 게 아니라 발견하는 것

스토리를 찾아내는 기술

20세기 초, 미국의 유명 카피라이터 클로드 홉킨스^{Claude C. Hopkins}는 업계 5위였던 맥주 회사를 업계 1위로 끌어올린 전설적인 광고를 만들었다. 광고에서 그가 전달한 것은 가격도, 맥주의 맛도, 알코올 도수도 아니었다.

홉킨스는 업계 5위였던 '슐리츠^{Schlitz} 맥주'에서 광고 의뢰를 받은 후, 양조장 견학을 부탁했다. 당시에는 모든 맥주 회사가 첨가물이 들어가지 않은 순수한 맥주를 어필하고 있던 때였다. 하지만, 같은 이야기를 해서는 강한 인상을 남기지 못할 것으로 생각했고, 제조과정에서 힌트를 얻을 수 있을 거라 기대한 것이다.

공장을 견학한 홉킨스는 지금까지 몰랐던 사실들을 알게 되어 매우 놀랐다. 맥주를 담기 전에 고온의 증기로 병을 깨끗하게 씻어내고 불순물이 섞이지 않도록 펌프와 관을 하루에 두 번 씻는다는 것, 지하 깊은 곳에서 길어 올린 천연수를 사용한다는 것 등 맥주를 만드는 모든 과정이 새로웠다.

사무실로 돌아온 홉킨스는 흥분해서 슐리츠 맥주의 담당자한테 물었다.

"왜 이런 것들을 홍보하지 않았나요?"
"다른 회사들도 다 하고 있는걸요. 이렇게 하지 않으면 좋은 맥주는 만들 수 없으니까요."

'다른 회사들도 다 하는 일이지만 어떤 회사도 이 사실을 홍보하지 않는다니! 이런 노력을 소비자에게 알려주면 분명 놀랄 텐데.'

이렇게 생각한 홉킨스는 슐리츠 맥주의 콘셉트를 '깨끗한 맥주'로 정하고, '살아 있는 증기로 깨끗이 씻어내는 맥주'라는 홍보 문구를 제안했다. 맥주를 담기 전에 고온의 증기로 병을 씻어낸다는 '스토리'에 초점을 맞춘 것이다.

그러자, 슐리츠 맥주 경영진은 다른 회사에서도 하는 일을 말해봤자 효과가 없을 거라면서 반대했다. 하지만 그들의 예상과 달리, 해당 홍보 문구로 만든 신문 광고는 폭발적인 반응을 불러일으켰다. 슐리츠 맥주는 수개월 만에 업계 1위가 되었다.

업계에서는 당연한 일이지만 소비자는 처음 알게 된 '스토리'였기 때문이다. 맥주 만드는 과정을 알게 된 소비자들은 상품을 신뢰할 뿐 아니라 슐리츠 맥주의 팬이 되었다.

P O I N T

스토리기술
동종업계 사람이라면 누구나 알고 있을 만한 사실이라도, 다른 회사보다 먼저 어필하면 영원한 명예를 얻는다.

꼭 기억하기
지금까지는 보이지 않았다고 해도 괜찮다. 관점을 바꾸어 스토리를 찾아보자.

평범한 상품을
스토리로 팔아 치우는 기술

평범한 제품에 스토리 씨앗 심기

"평범한 상품만 있어서 스토리 마케팅이 어려워요."

"도매업이나 대리업이라서 스토리가 없어요."

이렇게 생각하는 사람도 많을 것이다.

물론, 원조 상품을 다루는 제조사나 가게는 '스토리로 파는 일'이 더 쉽다. 요식업도 스토리를 어필하기 쉬운 업종이다. 이런 회사나 가게는 스토리의 원석을 발견해서 그것을 갈고닦는 일을 고민해보는 게 좋다.

그렇다면, 어디에서 사도 똑같은 상품, 서비스를 취급하는 가게는 어떻게 해야 할까?

예를 들면, 헬스장, 화장품 가게, 편의점, 문방구, 서점, 가전제품 할인 매장, 주유소, 술집, 꽃집, 세탁소 등이 있다. 물론, 물건을 사들이거나 파는 방식에 따라 차별화가 가능한 업종도 있지만, 어려운 업종도 있다. 이런 업종은 가격으로 경쟁하는 경우가 많다.

하지만 서점, 택시와 같이 가격을 마음대로 바꿀 수 없는 업종도 있고, 주유소, 편의점처럼 가격이 거의 달라지지 않는 업종도 있다. 보험, 부동산 중개, 이사 등과 같은 서비스와 건축, 리모델링 같은 업종도 소비자는 차이를 알기 어렵다.

그럼, 이런 회사나 가게에서는 '스토리로 파는 일'이 불가능할까? 아니다. 이런 업종은 상품이 아닌 분야에서 '스토리의 씨앗'을 찾고, 그것을 심어서 기르면 된다. 스토리의 씨앗은 다음과 같이 찾아볼 수 있다.

- 경영자나 창업자의 생애, 뜻, 이념, 캐릭터
- 직원의 손님 응대 방식
- 매장 상품을 진열하는 방식 또는 POP 광고 방법
- 상품 포장지 등의 디자인
- 팬을 만드는 커뮤니티 활동 및 사회 공헌 활동
- 경영 이념이나 표어 같은 문구

- 그 회사 특유의 제도
- 깜짝 이벤트 및 증정품 등 예상한 기대치를 뛰어넘는 서비스

스토리기술
스토리의 씨앗을 심고 사람들이 공감할 수 있도록 키워서 홍보하면 독보적인 존재가 될 수 있다.

꼭 기억하기
지금부터라도 '스토리의 씨앗'을 심고 키우자.

스토리는
어둠 속에서 빛나는 북극성이다

내 사람들의 지지를 받는 법

상품을 팔 때는 소비자나 거래처, 즉 고객을 먼저 생각하기 마련이다.

그런데 더 중요한 것이 있다. 먼저 직원과 가족의 지지를 얻는 일이다. 주변 사람들의 지지와 응원이 없으면 길게 성장하기 어렵다. 그러니, 직원, 가족 등 내 주변 사람부터 먼저 팬으로 만들어야 한다. 그때 도움이 되는 것이 '이야기의 힘'이다.

회사 또는 가게의 신념, 경영 이념, 철학, 세계관, 비전이나 미션은 외부뿐 아니라 내부에도 적극적으로 알리면 좋다. 그것들이 우리 회사, 가게가 나아가야 하는 길을 보여준다. 이때 이야기를 활용하면 더 효과적이다.

이야기가 왜 효과적일까?

이야기를 통해 머릿속에 떠오르는 이미지를 공유할 수 있기 때문이다. 사람들이 같은 이미지를 공유하고 있으면 자연스럽게 그곳으로 함께 걸어가고 싶은 마음이 든다. 즉, 스토리는 어둠 속에서 빛나는 북극성 같은 역할을 한다.

내부에서 신념과 이념, 철학, 세계관, 비전, 미션 등의 이미지를 공유하고 있으면 외부에도 서서히 그 이미지가 전해진다. 그리고 그 스토리에 공감하는 고객은 자연스럽게 우리 회사나 가게를 응원하는 팬이 될 것이다. 결과적으로 우리 상품이 오랜 시간 동안 계속해서 팔리는 힘이 된다.

POINT

스토리기술
새로 직원을 뽑을 때 이야기를 활용하면, 좋은 효과를 기대할 수 있다. 우리 회사의 스토리에 공감하는 사람이 우리와 함께 일하고 싶어 할 테니까.

꼭 기억하기
길게 성장하기 위해 함께하는 이야기를 만들자.

사람들은 옛날부터
이야기를 좋아했다

#이야기의 역사

사람들은 왜 이야기에 마음이 흔들릴까?

많은 사람들이 그 답을 찾기 위해 노력했지만 확실한 답을 못 찾았다. 아무튼 인간은 아주 오랜 옛날부터 이야기를 굉장히 좋아한 동물임에 틀림없다.

문자가 발명되기 한참 전부터 인류는 자신이 죽고 난 다음 세대에 이야기를 전했고, 세계 민족 대부분은 오랜 옛날부터 전해 내려오는 신화나 옛날이야기를 가지고 있다. 게다가 그 내용과 구성은 기후, 지형, 음식, 문화, 인종 등이 완전히 다른데도 깜짝 놀랄 만큼 비슷하다.

고유 문자를 가지고 있지 않은 민족은 많아도 조상 때부터 전해 내려오는 이야기가 없는 민족은 거의 없다.

자손에게 무언가를 전하고 싶었다면 목록처럼 번호를 매긴 기록을 남겨도 충분했을 것이다. 그런데도 굳이 이야기 형태로 남긴 이유는 무엇일까? 이야기는 듣는 이의 감정을 움직이기 때문이다. 감정이 움직이면 기억에도 남는다. 그리고 기억에 남으면 누군가에게 전하고 싶어진다. 우리 조상들은 다른 사람에게 무언가를 전하려면 이야기로 전하는 게 가장 훌륭한 방법이라는 것을 알고 있었던 셈이다.

오늘날에도 마찬가지다. 서점에 가면 소설, 만화책 등은 여전히 잘 팔린다. 영화나 드라마 수도 어마어마하다. 세상에는 이야기가 넘쳐난다. 분석해보면 구성이 비슷한 경우도 많다. 그런데도 사람들은 이야기에 울고, 웃고, 감동한다.

P O I N T

스토리기술
스토리는 인간의 마음을 강하게 건드리고 움직이는 힘을 가지고 있다. 물론, 전혀 재미있지 않은 이야기는 분노라는 감정도 건드린다.

꼭 기억하기
재미있는 이야기를 자주 접하는 것도 이야기를 발견하는 데 도움이 된다. 끌리는 이야기를 자주 만나라.

비즈니스에서 스토리는
항상 '목적'이 있다

비즈니스에서 스토리의 특징

지금까지 계속해서 스토리에 대해 말했는데, 비즈니스에서 말하는 스토리는 소설, 만화, 영화, 드라마와 같은 엔터테인먼트 업계에서 말하는 스토리와는 다르다.

가장 큰 차이점은 '목적'이다. 엔터테인먼트 업계에서 말하는 스토리는 순수하게 이야기 그 자체를 즐기는 것이 목적이다. 스토리를 접하는 사람에게 감동을 주기만 하면 된다. 그래서 아무리 구성이 복잡해도 고객이 따라올 수만 있다면 괜찮다. 팬이 많지 않아도, 열광적으로 지지해주는 사람들이 일부만 있어도 성공이라고 할 수 있다.

하지만 비즈니스에서 말하는 스토리는 '수단'이다.

그럼 목적은 무엇일까? 쉽게 말해 다음과 같다.

비즈니스에서 '스토리'는

사람, 상품, 가게, 기업 등의 가치를 올리는 것

이 목적을 달성할 수 있다면, 영업 및 판매, 마케팅 및 브랜딩 분야에서 좋은 결과를 얻을 수 있다.

비즈니스에서 스토리는 길고 복잡하거나, 문학적일 필요가 없다. 오히려 최대한 짧고 간단하게, 알기 쉽게 만들어야 한다. 훌륭한 스토리는 몇 줄 되지 않아도 충분히 목적을 이룰 수 있다. 비즈니스에서 사용하는 스토리를 한 줄로 정리하면 이렇다.

고객, 거래처, 소비자, 직원 등을 대상으로

감정을 자극하는 실제(픽션이 아닌) 에피소드를 전달한다.

POINT

스토리기술

소설, 만화, 영화, 드라마 같은 이야기는 작가가 상상으로 창작한 이야기다. 반면에, 비즈니스에서 말하는 스토리는 분명히 있었던 일이어야 한다.

실제 에피소드로 탄생한
효자 상품

그냥 순무 vs 복숭아 순무

비즈니스에서의 스토리를 더 알아보자.

농수산물을 주로 판매하는 인터넷 쇼핑몰에서 순무를 히트 상품으로 만들었던 에피소드를 살펴보자.

쇼핑몰에서 판매할 상품을 발굴하는 일을 하는 구매 담당자가 신입 시절 어떤 농가를 방문해서 '하쿠레이'라는 품종의 순무를 시식할 기회가 있었다. 그녀는 하쿠레이를 처음 맛봤을 때 받았던 충격을 잊을 수가 없었다. 익히지 않고 그냥 먹어도 달고, 즙이 풍부해서 자기도 모르게 "복숭아 같네!"라는 말이 나올 정도였기 때문이다.

그래서 하쿠레이를 키운 농부에게 "이렇게 맛있는데 왜 재배량을 늘리지 않나요?"라고 물어보니, 이런 대답이 돌아왔다.

"색깔이 하얗지도 않고 재배하기도 까다로워서 양을 더 늘릴 필요가 없어요."

하쿠레이는 샐러드 순무의 일종인데, 껍질이 얇고 크기가 작다. 껍질이 얇아서 물로 씻으면 살짝 검은 기가 돈다. 순무는 크고 하얀색일수록 비싸게 팔리기 때문에 검은 기가 돌면 상품 가치가 떨어진다. 게다가 하쿠레이는 너무 달아서 벌레가 잘 꼬이고 비바람에 약해 재배하기가 쉽지 않다.

하지만 그녀는 포기하지 않았다. 고객이 좋아할 거라고 확신했고, 다음 해에 파는 것을 목표로 재배량을 늘려달라고 부탁했다. 그리고 '복숭아 순무'라는 이름을 붙였다. 실제로 먹었을 때 복숭아처럼 달고 즙이 풍부했기 때문이다.

다음 해가 되자, 그녀는 어떻게 이 복숭아 순무를 판매하게 됐는지 그 과정을 모두 스토리로 만들었고, 농부의 사진과 함께 인터넷에 올려 판매하기 시작했다. 그러자 복숭아 순무를 한번 먹어보고 싶다며 주문이 밀려들었다. 슈퍼마켓에서 파는 순무보다 훨씬 비싼데도 쇼핑몰을 대표하는 효자 상품이 되었다.

이것이 바로 비즈니스에서 말하는 스토리의 예다.

슈퍼마켓 진열대에 '순무(치바산)'라고만 쓰여 있다면 딱히 사고 싶은 마음이 들진 않을 것이다. '샐러드에 사용할 수 있어요', '그 냥 먹어도 맛있어요'라고 POP 광고를 붙여도 마찬가지다. 이런 문구는 소비자의 이성에 호소한다.

그런데 "쇼핑몰 직원이 직접 농가에 방문해서 이 순무를 먹어 봤더니, 마치 복숭아처럼 달아서 '복숭아 순무'라고 이름 붙여 판 매합니다"라는 이야기는 실제로 있었던 일이고, 감정을 자극해 사람들의 반응을 끌어낸 것이다.

POINT

스토리기술
자신이 직접 겪은 일을 스토리로 만들면 사람의 마음을 건드리고 호기 심을 자극한다. 복숭아 순무의 탄생 스토리가 사람들에게 '무슨 맛인지 먹어보고 싶다'라는 마음이 들게 만든 것이다.

꼭 기억하기
사고 싶은 마음이 들도록 사소한 에피소드나 스토리를 붙여보자.

스토리에는
주인공이 필요하다

스토리를 성립시키는 기술

가격, 입지, 가게의 분위기가 비슷한 닭꼬치 가게가 있다고 해보자. 다음 홍보 문구를 보면 A, B, C 중 어느 가게에서 만든 닭꼬치가 가장 먹고 싶어지는가?

A   엄선한 재료로 최고의 닭꼬치를 만듭니다.

B   미야자키현에서 건강하게 자란 토종닭을 활엽수로 만든 숯으로
     구웠습니다.

C   닭꼬치 외길 30년. 매년 전국의 유명 토종닭을 사장님이 직접 먹
     어보고 고른 가장 맛있는 닭을 정성을 다해 굽습니다.

대부분 C → B → A의 순서로 고를 것이다. 왜일까?

먼저 A와 B를 보면, A보다 B가 더 구체적으로 쓰여 있다. B에는 어디서 나온 닭을 사용하는지, 그리고 만드는 과정까지 적혀 있으니 B가 먹어보고 싶은 마음이 들게 한다.

B에도 '스토리'가 있다고 생각할 수 있다. 스토리가 중요하다고 말하는 사람 중에서는, B처럼 상품에 대해 자세히 설명하는 것을 스토리라고 생각한다. 하지만, B에는 사람이 등장하지 않는다. 그래서 나는 B의 경우는 스토리라고 보지 않는다.

상품에 대해서 아무리 자세히 설명한다고 해도 설명에 사람이 나오지 않으면 스토리가 아니다. 예를 들어, 닭꼬치 가게라면 사장님이 아니라도 양계장 사장님, 고객이 주인공인 스토리를 만들 수 있다.

이처럼 상품에 '사람'이 더해져야 비로소 스토리라고 할 수 있다. 예시로 든 A, B, C는 다른 닭꼬치 가게라는 설정이지만, 만약 같은 가게라면 어떨까? 실제로는 C처럼 일하고 있어도, A나 B처럼 홍보하는 가게가 많다.

우리 회사, 우리 가게, 혹은 나는 어떤지 한번 생각해보자.

물론 전국의 유명 토종닭을 전부 먹지도 않고, 비교한 적도 없는데 "전국의 유명 토종닭을 전부 먹고, 비교해봤습니다"라고 쓰면 안 된다. 정말로 있었던 일을 스토리로 만드는 것이 중요하다.

평범한 국수 가게를
맛집으로 바꾼 것은?

 # 스토리가 될 원석을 찾는 법

이번에는 국수 가게를 예로 들어 상품과 관련한 스토리를 어떻게 발견하면 좋을지 살펴보자. 평범해 보이는 국수 한 그릇에도 여러 가지 스토리가 숨어 있다. 그릇 안에도, 밖에도 스토리가 될 원석이 있다.

A. 그릇 안에 있는 요소

면 : 굵기, 쫄깃함, 밀가루 종류, 간수

국물 : 육수 재료, 끓이는 시간, 비법 양념

고기 고명 : 고기 품종, 부위, 만드는 법, 부드러운 정도
그 밖의 재료들 : 음식 재료 종류, 재료 산지, 만드는 과정
조리법 : 면 삶는 법과 시간

그 외에 토핑, 기본 반찬, 조미료 등도 그릇 안에 있는 요소다.

B. 그릇 밖에 있는 요소
가게 안과 밖 : 위치, 겉모습, 인테리어, 젓가락 등 식기
점장 또는 사장 : 열정, 철학, 만남, 고객을 대하는 태도

이런 원석을 갈고닦아 사람을 주인공으로 등장시키면 스토리
가 탄생한다. 예를 들면 다음과 같다.

- 독창적인 국수를 개발하는 스토리
- 다른 국수 가게와의 차이를 강조하는 스토리
- 현지 사람들에게 사랑받는 국수 가게로 성장한 스토리
- 어린 시절에 먹었던 국수의 맛을 잊을 수 없는 스토리
- 맛있는 국수 비법을 알기 위해 유명한 국수 가게를 둘러보는 여행기
  를 담은 스토리

그리고 스토리를 올릴 곳은 온라인과 오프라인(매장), 두 가지

로 생각할 수 있다. 온라인은 홈페이지, 블로그, 페이스북, 트위터 등을 이용하고, 매장에는 포스터, 광고지, 소책자 등을 두는 방법이다.

몇 년 전에는 평범한 동네 가게였는데, 어느 날 보니 사람들 사이에 입소문 난 맛집이 된 경우가 있지 않은가. 맛이 크게 달라져서 유명해졌을 수도 있지만, 맛은 그대로인데 음식, 사람, 가게에 얽힌 스토리를 팔아서 잘되는 경우가 많다.

POINT

스토리기술
당연한 얘기지만, 지어내서 거짓으로 만든 스토리는 안 된다. 실제로 있었던 일로 스토리를 만드는 것은 무조건 지켜야 할 '기본 조건'이다.

꼭 기억하기
상품 자체는 괜찮은데 홍보가 부족해서 묻히는 일이 없도록, 그 상품이 가진 잠재력을 잘 끌어내자.

2장

돈 안 들이고
써먹을 수 있는
기술 10가지

"새로운 데서 찾지 말고, 원래 있던 장점을 찾아라"

3개의 사과 중
먹고 싶은 사과의 비밀

강력하게 각인시키는 기술

A **아오모리현의 달고 맛있는 사과**

B **잎을 따지 않고 키운 사과** : 아오모리 과수원의 농부 쓰가루 씨는 사
과 주변의 잎을 따지 않고 과일에 영양이 고루 퍼지도록 키웠습니
다. 모양은 별로지만 굉장히 달고 맛있는, 잎을 따지 않은 사과입
니다.

C **기적의 사과** : 아오모리 과수원의 농부 기무라 씨는 불가능하다고
알려진 무농약, 무비료로 8년 만에 사과를 키우는 데 성공했습니
다. 오랜 세월 동안 가난, 외로움과 싸우며 꾸준히 노력한 끝에 드
디어 실현해냈습니다.

3개의 사과 중, 당신은 어떤 사과를 가장 먹고 싶은가?

아마 대부분 C를, 그다음으로 B를 고를 것이다. 왜 그럴까?

A에는 상품 설명만 나와 있다. 그런데 B에는 사람이 등장해서 스토리의 기본 조건은 충족시켰다. 그래서 C가 비교 대상이 아니라면 먹고 싶은 마음이 들었겠지만, C의 스토리를 이기지는 못한다.

C 사과는 품질에 대해서는 전혀 말하고 있지 않다. 맛이 어떤지는 알 수 없지만, 그래도 가장 먹고 싶은 마음이 들게 한다.

왜 3개의 사과 중에서 C 사과가 먹고 싶어진 걸까?

이런 식으로 가정해보자.

만약 기무라 씨가 아무런 고생도 하지 않고 쉽게 목표를 달성했다면?

만약 기무라 씨가 돈을 벌고 싶다는 동기만으로 시작했다면?

만약 '기적의 사과'라는 이름 대신 '완전 무농약, 무비료 사과'라는 이름이라면?

어떤가? 아까보다는 먹고 싶다는 생각이 사라지지 않았나?

하지만 상품은 달라지지 않았다. 완전히 똑같은 사과다. 즉, 당신은 기적의 사과를 원해서 C를 선택했다고 생각하겠지만, 사실 먹고 싶은 것은 사과가 아니었다. 사과와 관련된 기무라 씨의 스토리 때문에 기적의 사과를 먹고 싶다는 생각이 든 것이다.

C 사과는 '인간의 감동 포인트를 건드리는 법칙'이라는 요소를 충족하고 있다. 그래서 맛이 있든 없든 반드시 먹고 싶어진 것이다.

POINT

스토리기술
수많은 상품 중 가장 돋보이게 하는 한 끗은 '인간을 감동시키는 포인트'가 담긴 스토리에서 생긴다.

꼭 기억하기
소설, 만화, 영화, 드라마 등 모든 창작된 스토리에는 공통점이 있다. 바로, 사람이 주인공이라는 것이다. 스토리를 만들 땐 꼭 사람을 등장시키자.

상대의 감동 포인트를 건드려라

스토리 황금률 이해하기

인간은 옛날부터 다양한 이야기를 전해왔다.

오늘날에는 연극, 소설, 영화, 드라마, 만화, 애니메이션 등 다양한 형태로 픽션(상상해서 만든 이야기)인 스토리를 만들고 있다. 그리고, 이런 수많은 스토리 중에서도 사람의 감정을 크게 움직이는 패턴이 있다.

이 패턴을 건드리면 사람은 쉽게 감정을 이입할 뿐 아니라, 쉽게 감동하고, 쉽게 행동한다. '인간의 감동 포인트'라고 부르는 것으로, 뻔한 패턴인데도 나도 모르게 마음이 움직인다. 나는 이것을 '스토리 황금률'이라고 이름 붙였다.

할리우드 영화 대부분은 이 황금률에 따라 만들어진다. 할리우드 영화는 세계를 무대로 하는 큰 비즈니스다. 문학성이나 예술성을 목표로 하는 게 아니라, 인종 및 문화를 뛰어넘어 많은 사람을 감동시키는 것이 목표다. 따라서 비즈니스의 스토리도 이 포인트를 활용해보자.

할리우드 영화는 황금률을 따라 만들어졌기 때문에, 아무 생각 없이 보더라도 무난하게 이야기를 따라갈 수 있는 작품이 많다. 물론 황금률을 충실히 따르더라도 내용이 없으면 마음은 움직이지 않을 것이다.

스토리 황금률은 영화, 드라마, 소설, 만화 등 엔터테인먼트 작품뿐 아니라 여러 분야에서 폭넓게 사용되고 있다. 그중에서도 다큐멘터리는 스토리 황금률을 가장 잘 볼 수 있는 분야다.

배우, 예술가 등을 밀착 취재한 프로그램이나 여러 분야에서 활약 중인 전문가들의 일에 대한 태도를 담은 프로그램을 보면 대부분 스토리 황금률을 따르고 있다.

POINT

꼭 기억하기
황금률을 따라 만든 스토리라고 하더라도, 듣는 사람으로서는 곧이곧대로 넘어가지 않는 자세도 중요하다.

주인공을 나무 위에 오르게 하고 돌을 던져라

스토리 황금률의 구성 3가지

'스토리 황금률'은 3가지 요소로 구성된다.

① 무언가 부족하거나 빼앗긴 주인공

주인공의 조건은 여러 가지가 있지만, 무언가 부족하거나 빼앗긴 부분이 있다는 것은 중요한 요소다. 주인공의 모든 것이 부족할 필요는 없다. 예컨대 경제적으로 풍족하다면, 마음이 풍족하지 않은 상태라는 설정도 좋다. '빼앗긴 주인공'은 주인공이 진심으로 소중하게 여겼던 것을 잃어버린 상태를 상상하면 된다. 일, 재산, 가족, 연인 등 주인공이 소중히 여긴 것일수록 스토리에 힘이 생긴다.

사람들은 풍족하고 행복한 주인공에는 감정 이입을 하지 못한다. 어딘가 부족한 주인공이 열심히 노력하니까 감정 이입을 한다는 사실을 기억하자.

② 주인공이 어떻게 해서든 이루려고 하는 어려운 목표

주인공이 자신에게 부족한 부분을 채우기 위해 또는 빼앗긴 것을 되찾기 위해 앞으로 나아가야 하는 목표나 결승 지점이 필요하다. 험난한 목표나 결승 지점이라면 더욱 좋다. 그만큼 그것을 해내려고 하는 주인공이 매력적으로 보인다. 그렇다고 현재 주인공의 상황과 동떨어진 목표를 설정하면 황당하다고 느껴질 수 있으니, 주의하자.

③ 극복하며 나아가야 하는 갈등, 방해요소, 라이벌

주인공이 향하는 목표와 결승 지점이 아무리 멀고 험난하다고 하더라도, 아무런 어려움도 없이 쉽게 도달해버리면 보고 있는 사람은 '에이~ 저게 뭐야'라는 기분이 든다. 주인공이 가는 길에는 주인공을 최대한 방해하는 무언가가 등장해야 역동적인 스토리가 탄생한다. 날 싫어하는 라이벌, 날 배신한 동료 아니면 자신의 나약함도 좋다.

할리우드에는 "각본을 재미있게 쓰려면 주인공을 나무에 오르게 한 후, 다 같이 그 사람에게 돌을 던져라"라는 말이 있다. 즉 주인공을 철저하게 괴롭히라는 뜻이다. 갈등이나 장애물이 많을수록 보는 사람의 가슴을 두근거리게 만들어 주인공이나 스토리에 감정 이입을 하게 된다.

POINT

스토리기술
스토리 황금률을 완성하는 3가지 요소
① 무언가 부족하거나 빼앗긴 주인공
② 주인공이 이루려고 하는 험난한 목표
③ 극복해야 할 것들(갈등, 방해요소, 라이벌 등)

유행의 뒤에는 '스토리 황금률'이 있다

히트 콘텐츠의 법칙

크게 히트한 콘텐츠에는 스토리 황금률이 들어 있다. 스토리 황금률 3가지 요소를 모두 갖춘 예를 알아보자.

홋카이도 아사히가와시에 있는 아사히야마 동물원은 2006~ 2010년에 대단한 인기를 얻었다. 한때 연간 입장객 수가 300만 명을 기록하면서 큰 화제가 되기도 했다.

아사히야마 동물원이 이토록 인기를 얻었던 이유는 무엇일까?

기존의 동물원은 동물의 모습을 보여주는 '형태 전시'가 기본이 었는데, 아사히야마 동물원은 동물의 움직이는 모습을 보여주는

'행동 전시'를 선보였던 것이 인기 요인이었다.

그런데 문을 닫기 직전까지 갔던 동물원이 기적적으로 살아날 수 있었던 결정적 이유에는 황금률을 따른 스토리가 있었다.

1990년대, 문을 닫아야 하는 위기에 처한 아사히야마 동물원의 직원들은 고객과 동물 사이의 심리적 거리감을 조금이라도 줄이기 위해 '냠냠 타임', '직접 적는 간판', '밤의 동물원', '여름학교', '부모님과 함께하는 동물 교실', '동물이 등장하는 그림책 읽기 모임' 등 여러 가지를 기획해 시도했다. 모두 돈을 들이지 않아도 할 수 있는 아이디어였다.

이런 기획을 하나씩 실행하다 보니 변화가 생겼다. 직원들은 "이런 것을 더 해보면 어떨까요?"라고 말하며 적극적으로 의견을 내기 시작했고, "이상적인 동물원이란 무엇인가?"에 대해서도 이야기를 나누게 되었다.

'이상적인 동물원을 만들자'라는 공동의 목표가 생기자 직원들의 사기는 더 올랐다. 함께 아이디어 회의를 하고, 그림을 그려 정리했다. 그림 속 동물들은 생생하게 움직였다.

몇 년 뒤 아사히가와시의 시장이 바뀌면서 공약이었던 테마파크 대신 동물원을 리모델링 하자는 얘기가 나왔다. 시장의 호출을 받은 아사히야마 동물원 원장은 직원들과 함께 이야기했던 이상적인 동물원을 어떻게 하면 만들 수 있을지에 대해 2시간에 걸쳐서 열정적으로 설명했다.

마음이 움직인 시장은 동물원 리모델링을 위한 예산을 지원하기로 했다. 이렇게 직원들이 꿈꾸던 이상적인 동물원의 모습이 하나씩 현실로 이루어지면서 인기 동물원으로 도약할 수 있었다.

이 스토리는 '아사히야마 동물원의 기적'이라고 불리며 드라마와 영화, 다큐멘터리로도 만들어져 사람들의 마음을 움직였다.

POINT

스토리기술
문 닫기 일보 직전인 지방의 가난한 동물원이라는 주인공, 이상적인 동물원을 만들겠다는 높고 험난한 목표. 주인공은 당장 할 수 있는 일부터 열심히 하면서 상상했던 이상적인 모습을 실현해 나간다. 이것이 스토리 황금률이다.

영원한 인기는 없다. 플랜B도 준비하라

매력이 사라졌을 때 대처법

아사히야마 동물원의 입장객 수는 붐이 일어난 이후, 다시 점점 줄었다. 다른 동물원에서도 행동 전시를 하면서 사람들이 신선함을 느끼지 못했기 때문이다. 늘어난 입장객 수 때문에 정작 동물을 보기가 힘들어진 것도 고객 만족도가 떨어진 원인 중 하나다.

하지만 알려지지 않은 이유가 있었다.

이 동물원의 스토리가 미디어에 자주 등장해서 너무 많이 소비되어 버린 것이다. 즉, 아사히야마 동물원은 일본 최대 동물원인 우에노 동물원 못지않은 인기 동물원이 되면서 풍족하고 행복한 주인공이 되었다. 이것이 인기가 떨어진 가장 큰 원인이다.

이처럼 아무리 황금률을 따른 스토리라도 그것이 소비되면 순식간에 매력이 사라져 버릴 수 있다. 물론, 이렇게 한순간에 붐이 일어나는 일이 흔한 일은 아니다.

만약 당신이 사람들의 응원을 받고 싶으면 이 황금률에 맞는 이야기의 주인공이 되어보라. 일단은 나 자신, 우리 회사나 상품 중에 스토리 황금률에 맞아떨어지는 요소가 없는지 생각해보자.

- 창업자 및 현 경영자의 생애
- 창업자는 왜 회사를 창업했는가.
- 현 경영자는 어떻게 회사를 계승했는가.
- 처음으로 히트 상품을 내기까지의 개발 비화
- 경영의 위기를 극복했을 때
- 미래에 반드시 이루고 싶은 것

POINT

스토리기술
부족한 주인공이라고 해서, 부정적인 이야기만 하면 오히려 역효과다. 콤플렉스가 있지만 목표를 이루기 위해 노력하는 모습을 보여준다.

꼭 기억하기
높은 목표나 뜻이 있는 사람은 응원하고 싶다. 절대로 포기하지 않을 거라는 강한 의지도 어필하자.

'스토리 황금률'을 충족하는 4가지 이야기

황금률에 따라 이야기 만드는 법

스토리 황금률을 따라 만든 스토리를 어필할 때 4가지 스토리를 생각할 수 있다.

① 창업(계승) 스토리

- 주인공 : 창업자 (계승 스토리라면, 현 경영자)
- 목적 : 회사에 대한 공감, 지원 얻기
- 전하는 대상 : 소비자, 고객, 거래처, 종업원, 학생 등
- 부족한 부분 : 자금 부족, 다른 회사와 차별화되는 강점을 찾는 일

- 목표 : 새로운 비즈니스를 창조하고 시장에서 성공하는 일 (계승 스토리라면, 사업 방향 전환하기 등)
- 갈등/장애물 : 자금 조달의 어려움, 경쟁 회사, 고독감, 실패로 인한 위험 요소

'창업(계승) 스토리'는 회사나 브랜드를 창업할 때(또는 계승했을 때)의 에피소드를 스토리로 만든 것이다.

주인공인 창업자(계승자)가 어떤 식으로 비즈니스를 시작했는지, 어떻게 해서 첫 성공을 거두었는지, 어떤 식으로 위기를 극복했는지를 소개하면서, 회사의 신념과 가치관까지 전달한다.

예를 들어, 당신이 IT 기업의 창업자라면 어떤 식으로 차별화된 비즈니스 아이디어를 생각해 냈는지, 그 아이디어를 고생해서 실현하고 창업한 뒤에 어떻게 위기를 극복하면서 안정적인 단계에 올랐는지를 담으면 된다. 당신이 경험한 좌절 및 성공담을 소개하면, 상대는 당신 회사의 스토리를 깊게 이해할 수 있다.

② 상품 개발 스토리

- 주인공 : 상품의 개발자 및 판매 관계자
- 목적 : 자사의 상품에 대한 공감 및 '갖고 싶다'라는 생각이 들도록 하기
- 전하는 대상 : 소비자, 고객, 거래처, 미디어 등

- 부족한 부분 : 시장의 수요 및 고객의 희망 사항이 무엇인지 정확히 아는 것
- 목표 : 시장에서 수요가 있고, 고객에게 사랑받는 상품을 개발하는 것
- 갈등/장애물 : 개발 비용 확보, 기술적 곤란, 경쟁사

'상품 개발 스토리'는 상품 개발자, 엔지니어, 디자이너, 마케터, 영업, 판매 담당자 등 다양한 인물의 시점에서 획기적인 상품 개발 과정을 이야기할 수 있다.

예를 들어, 우리 회사가 혁신적인 소프트웨어를 개발했다면 누가 처음에 아이디어를 생각했고, 어떻게 팀을 만들어 그 아이디어를 구체화해서 형태로 만들었는지에 대한 이야기를 담는다. 특히 팀이 직면한 문제와 장애를 어떤 식으로 고민하고, 어떤 식으로 극복했는지가 중요한 포인트다. 얼마나 열정을 가지고 그 상품을 탄생시켰는지를 전달하면 사람들의 마음을 흔들어 매출로 이어질 가능성이 커진다.

③ 고객 스토리

- 주인공 : 상품 및 서비스를 사용하는 고객
- 목적 : '나도 이런 생각을 할 수 있을지도 모른다'라는 공감 얻기

- 타깃 : 주인공인 고객 외의 고객, 소비자, 미디어 등
- 부족한 점 : 만족도가 낮은 기존 상품 및 서비스
- 목표 : 고객이 상품 및 서비스를 사용해 만족도가 높은 생활을 하는 것
- 갈등/장애물 : 우리 회사 상품 및 서비스와 비교되는 유사 상품 및 서비스, 모자란 신뢰, 지원 체제의 부족함, 높은 가격

'고객 스토리'는 우리 회사의 상품 및 서비스를 사용하는 고객이 주인공이다.

고객에게 고민이 있다고 상상해보자. 고객은 그 고민을 해결하기 위한 상품이나 서비스를 찾고 있지만, 좀처럼 찾을 수가 없었다. 그때 우리 회사의 상품 및 서비스를 알게 되었고 고민이 해결되었다는 스토리를 담으면 된다. 이때 주의해야 할 것이 있다. 최대한 실제 고객의 이야기를 바탕으로 스토리를 만들어야 한다.

④ 비전 스토리

- 주인공 : 경영자, 회사
- 목적 : 경영자, 회사가 이루고 싶은 이상적인 미래
- 타깃 : 종업원, 투자자, 학생, 고객, 소비자
- 부족한 점 : 목표에 아직 도달하지 못한 우리 회사의 모습
- 목표 : 나와 우리 회사가 이루고 싶은 이상적인 미래

• 갈등/장애물 : 자기희생, 위험 요소, 시대의 변화, 경쟁사

'비전 스토리'는 나와 우리 회사가 목표로 하는 이상적인 모습을 전달하는 스토리다. 비전이라는 말은 신념이나 미션, 목적이라는 말로 바꿀 수 있다.

비전 스토리는 우리 회사의 목적과 방향성을 분명히 하고, 직원들에게 제시할 때도 효과가 있다. 또한, 스스로 행동 및 결단을 하도록 도울 때도 효과가 있다.

예를 들어, 내가 창업자라면 비전 스토리를 통해 나와 우리 회사가 이 비즈니스로 달성하고 싶은 목표나 이상을 말할 수 있다. 비전이 무엇인지를 명확하게 전달함으로써 직원들과 투자자들이 나의 비즈니스에 공감하고 나를 응원하고 싶은 기분이 들게 하는 것이다.

P O I N T

스토리기술
스토리 황금률을 충족시키는 4개의 스토리를 동영상으로 만드는 것도 좋은 방법이다. CG 같은 현란한 효과를 넣은 영상보다, 최대한 간단하게 사진과 자막만 넣어서 제작하는 것이 잘 전달되고 감동을 준다.

비즈니스에 스토리를
활용하면 좋은 점 3가지

비즈니스에서 사람과 상품, 가게, 기업 등의 브랜드 가치를 올리기 위해 스토리를 활용하면 많은 장점이 있다. 크게 3가지를 살펴보자.

① 관심을 끌 수 있다

스토리를 활용하면 사람들이 관심을 가질 가능성이 커진다.

말했지만, 인간은 원래부터 이야기를 좋아하는 존재다. 영업, 판매, 마케팅 분야에서 스토리로 호소하면 직접적으로 물건을 팔려고 하는 느낌이 들지 않는다는 것도 중요하다. 사람은 누가 자신에게 대놓고 물건을 팔려고 하는 것을 좋아하지 않기 때문이다.

② 감정이 움직인다

스토리를 활용하면 사람의 감정을 움직일 수 있다.

이론이나 데이터로 사람을 설레게 하는 건 어렵지만, 스토리로는 쉽게 설레게 할 수 있다. 감정이 움직이면 그 상품에 관심이 생기고, 사고 싶어질 가능성이 커진다. 물론, 사람의 감정을 흔들 만큼 훌륭한 스토리여야 한다.

③ 기억에 남는다

스토리를 활용하면 사람의 기억에 남기 쉽다.

여기에는 몇 가지 이유가 있다. 인간의 뇌는 정보만 듣는 것보다 정보의 맥락과 정보를 같이 들었을 때 더 오래 기억하는 구조다. 이것을 '문맥 효과'라고 한다.

또 하나는 '감정과 기억의 연결 효과'다. 인간의 뇌는 감정이 강하게 움직이면 아무리 시간이 흘러도 그때 일을 잊어버리지 않는다.

열흘 전에 먹은 점심이 무엇이었는지 기억하고 있는가? 당장 오늘 먹은 점심도 쉽게 떠오르지 않을 것이다. 하지만 감정이 크게 흔들렸을 때를 떠올려보자. 기뻤거나, 화가 났거나, 슬펐거나,

즐거웠던 일은 몇십 년이 지나도 정확히 기억하지 않는가?

또한, 큰 감정의 움직임이 없더라도 관심 있는 것은 더 오래 기억한다.

<hr>

POINT

스토리기술
학창 시절 받았던 수업 내용은 기억나지 않지만, 선생님과 했던 잡담은 기억에 남는다. 스토리가 있기 때문이다.

꼭 기억하기
기억에 오래 남으면(그것이 좋은 기억이라면) 당연히 비즈니스에 좋은 영향을 미친다. 기억에 남겨라.

실패담이
세일즈 포인트가 되는 순간

실패담 활용하는 법

비즈니스에서 사람, 상품, 기업 등의 가치를 높이기 위해 스토리를 활용하는 구체적인 방법을 살펴보자.

① 차별화 ⇨ 독보적인 존재가 된다

훌륭한 이야기가 있으면 사람, 상품, 가게, 회사를 차별화할 수 있어 독보적인 존재가 된다. 제품이나 가격이 같아도 가능하다. 그 스토리는 '오직 여기'에만 있기 때문이다.

② 실패담 ⇨ 더 깊은 공감을 얻는다

이야기로 호소하면 실패도 편하게 말할 수 있고, 고객들은 더 깊은 공감을 하게 된다. 예를 들어, 당신이 새롭게 거래할 회사가 어떤 회사인지 조사하기 위해 그 회사의 홈페이지를 본다고 해보자. 그 회사의 연혁에 이런 실패 사례가 나와 있다면 어떤 생각이 들까?

- 2018년 5월 창업 멤버 중 한 명이 의견 차이로 퇴사
- 2019년 6월 간사이 영업소를 설립하지만, 수개월 만에 폐업
- 2020년 7월 신상품이 팔리지 않아 부도 직전

'이 회사와 거래해도 괜찮을까?'라고 생각할 것이다.
하지만, 마지막 내용이 다음과 같다면 어떨까?

"2020년 7월 신상품이 팔리지 않아 부도 직전. 이 상태로는 안 될 것 같아, 직원들 모두 하나가 되어 매일 판매 방법에 관해 생각했습니다. 그 노력이 빛을 발해 조금씩 상품이 팔리기 시작했고, 히트 상품도 나와서 실적도 V자 회복을 보이며 살아날 수 있었습니다."

스토리로 말하니 실패가 오히려 세일즈 포인트가 되고, 약점은 강점으로 바뀌었다.

스토리기술

개인의 경우도 마찬가지다. 보통 일자리를 구할 때는 자기만의 장점이 무엇인지 찾으려고 노력한다. 하지만, 오히려 나의 약점, 실패했던 사례를 말하고 그것을 어떻게 극복했는지 말하는 것이 훨씬 효과적이다.

꼭 기억하기

당신에게 부하 직원이 있다면 성공했던 일보다 실패했던 경험을 적극 말해보라. 일을 가르칠 때도 효과적이고, 부하 직원과의 유대감도 더 깊어진다.

빨라진 입소문,
스토리의 힘이 강해졌다

고수가 사용하는 스토리기술

이번에는 스토리 마케팅의 고급 기술을 소개하겠다.

① 감정 이입 ⇨ 사람, 상품, 기업의 팬으로 만든다

영화, 드라마, 소설 등을 보면 자연스럽게 주인공에게 감정 이입이 된다. 이런 픽션은 주인공에게 감정을 이입하지 않으면 성립하지 않는다. 창작가들이 여러 가지 설정을 치밀하게 짜는 이유는 보는 사람이 감정을 이입하게 만들기 위해서다.

하지만, 비즈니스의 스토리는 그런 치밀한 설정을 짤 필요가 없다. 사소한 에피소드라도 충분히 감정 이입하게 만들 수 있다. 어떤 사람의 숨겨진 이야기를 알게 되면, 그때까지 관심이 없던 사람도 감정을 이입하게 되는 경우가 있지 않은가?

인간은 원래 전혀 관심이 없는 사람이나 회사, 상품이라도 그 배경 이야기를 알게 되면 감정을 이입하게 되는 생물이다. 그 결과 팬이 되고 응원하고 싶다는 생각으로 이어진다.

② 이미지 공유 ⇨ 사내 브랜딩에 도움이 된다

멋진 스토리가 있으면, 나아가야 할 미래의 이미지를 같은 회사 사람들과 공유할 수 있다. 그러면 그 스토리에 참여하고 싶어진다. 따라서, 경영자나 리더는 직원들에게는 물론, 외부에도 매력적인 미래를 이야기해야 한다.

물론, 사람을 끌어당길 수 있는 스토리가 아니라면 누구도 따라오지 않는다. 너무 허풍을 떨어도 안 되고, 신념이 부족해도 안 된다. 멋진 스토리는 많은 사람이 이미지를 공유하게 만들어 행동하게 한다.

③ 전하고 싶은 마음 ⇨ 입소문이 퍼진다

사람은 자기 마음이 움직이는 이야기를 만나면 그것을 누군가에게 말하고 싶어진다. 당신도 재미있었거나 눈물이 났거나 감동 받은 소설, 영화를 누군가에게 말하고 싶었던 적이 있을 것이다.

회사, 가게, 상품도 마찬가지다. 마음을 움직이는 스토리가 있다면 누군가에게 말하고 싶다. 이것이 바로 '입소문'의 원리다.

스토리기술

입소문은 옛날부터 고객을 움직이는 힘이었다. 특히, SNS
에 익숙한 시대가 되면서 더 큰 힘을 갖게 되었다. 입소문
의 속도도 빨라졌다.

꼭 기억하기

기업 및 가게의 스토리가 입소문을 통해 널리 퍼지면 상품
은 자연스럽게 팔린다. 이야기로 입소문을 내자.

하지만, 스토리가 만능 해결책은 아니다

스토리가 단점이 되는 순간

지금까지는 스토리로 상품을 판매하는 것에 대한 장점만 말했다. 하지만 스토리가 만능은 아니다. 오히려 단점이 되는 순간도 살펴보자.

① 이성이나 논리에 호소하는 게 효과적일 때도 있다

스토리로 상품을 판매하는 것은 고객의 감정에 호소하는 방법이다. 하지만 인간이 언제나 감정적 소비를 하는 것은 아니다. 평소에 쇼핑할 때는 이성적으로 소비하는 경우가 많다. 다루고 있는 상품, 가게 입지에 따라 논리적으로 이성에 호소하는 편이 효과적일 때도 있다.

② 아무 이유 없이 이야기를 싫어하는 사람도 있다

스토리에 관심이 있는 사람도 많지만, 역효과가 생길 때도 있다. 세상에는 스토리로 호소하는 판매 방식에 거부감을 느끼는 사람도 분명 있다. 스토리를 전달하려는 상대가 어떤 유형인지 파악하는 일도 중요하다.

③ 오히려 안 좋은 이미지에 집중하게 만들 수도 있다

스토리를 잘 전달할수록, 상품의 질이 좋지 않으면 역효과를 가져올 위험도 있다. 또한, 전달하는 스토리가 거짓말인 경우에도 역효과를 가져온다. 특히, 스토리 황금률을 따른 스토리에 거짓말이 섞여 있다면, 돌이킬 수 없는 감점 요소다. 실제로 미담인 줄 알았던 이야기에 거짓말이 있다는 사실이 밝혀져 논란이 된 경우도 꽤 있다.

스토리기술

비즈니스에서 스토리는 '실제로 있었던 일'이어야 한다는 것이 무엇보다 중요하다.

꼭 기억하기

스토리 마케팅 기술에도 단점들이 있지만, 스토리로 상품을 판매하는 방법은 장점이 훨씬 더 많다. 반드시 시도해 보고 효과를 누리자.

3장

스토리는
어둠 속에서 빛나는
북극성이다

"시간이 흘러도 계속 빛나는 건 스토리 때문이다"

'스토리 브랜딩'이
필요한 이유

스토리 마케팅의 필수 요소

일반적으로 소비자에게 제품이나 서비스의 브랜드 가치를 확실하게 각인시키는 과정을 '브랜딩'이라고 부른다.

광고 회사나 컨설팅 회사는 브랜딩이라는 말을 좋아한다. 그들은 회사나 상품이 지향해야 할 콘셉트를 정하고, 다음과 같은 3가지 요소를 찾으라고 제안한다.

① **상품력** : 성능, 스펙, 가격 등

② **말** : 네이밍, 슬로건, 카피 문구 등

③ **비주얼** : 디자인, 패키지, 캐릭터, 광고 등

그중에서도 가장 힘을 쏟는 것이 3번 비주얼 요소다.

그들이 말하는 브랜딩이란 (극단적으로 말하면) 디자인과 같은 비주얼 요소로 기업 이미지를 새롭게 만들어 광고하는 것이다. 새로운 로고를 만들어서 홈페이지와 회사 안내하기, CF도 다시 찍고 너무나도 그럴 듯한 문구를 갖다 붙인다. 때로는 연예인이나 캐릭터를 내세울 때도 있다. 이런 식으로 고급스러운 이미지를 만들어서 '브랜드화'하는 것은 회사나 상품에 새로운 옷을 입히기 위한 것이다. 하지만 새 옷이 어울리지 않는 경우도 많다.

마음에 들어서 종종 가던 가게가 있다고 해보자. 내부 공사로 닫았다가 다시 오픈했는데 그 가게가 가진 매력이 사라졌다거나, 소박한 손 글씨체의 예전 광고지가 더 좋았을 수도 있다.

즉, 디자인처럼 비주얼 요소를 중심으로 한 브랜딩은 회사나 상품이 가진 가치를 포함하지 않으면 마이너스가 된다.

POINT

스토리기술
'스토리 브랜딩'은 단순히 새로운 옷을 입히는 게 아니다. 회사나 가게가 본래 가지고 있던 가치에 초점을 맞추고, 그 가치가 눈에 보이도록 돕는 것이다. 원래부터 가지고 있던 가치에 초점을 맞추기 때문에 회사나 가게에 마이너스가 되지 않는다.

스토리의 힘으로
계속 빛나게 하는 것

이쯤에서 '스토리 브랜딩'을 명확하게 정의하자.

스토리의 힘을 이용해서

상품, 가게, 회사, 개인 등이

계속 빛나게 하는 것

주의할 점은 그냥 빛나게 하는 것이 아니라, '계속 빛나게 하는 것'이다. 일반적인 브랜딩이 회사나 상품에 새로운 옷을 입히는 법이라면, 스토리 브랜딩은 늘 입던 옷을 입었는데 어딘가 모르게 매력적인 상태로 만드는 법이다. '스토리 브랜딩'으로 브랜딩하는 것은 계속해서 브랜드로 있는 것, 즉 '브랜드 + ing(항상 진행형)'인 것이 포인트다.

그만큼 시간이 걸린다. 가벼운 '패스트 브랜딩'이 아니라 본질을 차근차근 쌓아 올리는 '슬로우 브랜딩'이기 때문이다. 하지만, 느린 만큼 분명 피가 되고 살이 된다. 옷을 벗으면 환상이 깨지는 일도 없다.

'스토리 브랜딩'은 스토리라는 말이 들어간 만큼 스토리를 잘 전달하는 것이 중요하다. 모든 스토리의 공통점은 '주인공'이 있다는 것이다. 주인공이 없으면 스토리는 움직이지 않는다. 즉 스토리 브랜딩은 누구를(무엇을) 주인공으로 삼을지가 가장 중요하다. 크게 두 가지 방향의 주인공을 생각할 수 있다.

- 제공자(회사, 가게, 상품, 경영자, 사원)가 주인공
- 소비자(고객)가 주인공

POINT

스토리기술
누구를(무엇을) 주인공으로 할지에 따라 스토리의 구성이 달라진다. 회사를 경영할 때도 어떤 측면으로 스토리 브랜딩을 할지에 따라 주인공이 결정된다.

고객이 '바다'라면
파는 사람은 강의 상류에 있어라

스토리 마케팅을 할 때 전달하는 목적에 따라 스토리의 주인공이 달라진다. 물론 상황에 따라 다르지만, 다음과 같이 주인공을 설정하면 스토리를 풀어나가기가 쉽다.

• 경영 측면에서는

기업이나 단체(의 대표)를 주인공으로 설정하고, 신념을 향해 앞으로 나아가며 팬을 확보한다.

• 브랜드 및 홍보 측면에서는

소비자를 주인공으로 설정하고, 해당 상품 및 서비스를 사용하면 자신(소비자)의 스토리가 빛난다는 것을 알게 한다.

· 판매 측면에서는

해당 상품 및 서비스가 원래부터 가지고 있던 가치를 알기 쉽게 보여주고, 상품, 서비스, 사람과 관련된 스토리로 시장에서 빛나게 한다.

어떤 측면에서 스토리 브랜딩을 할 것인지 미리 정해두는 것이 좋다.

경영 측면 = 강의 상류
기업이나 단체(의 대표)를 주인공으로 설정하고, 신념을 향해 앞으로 나아가며 팬 확보하기

브랜드 및 홍보 측면 = 강의 중류
소비자를 주인공으로 설정하고, 해당 상품 및 서비스를 사용하면 자신(소비자)의 스토리가 빛난다는 것을 알게 하기

판매 측면 = 강의 하류
상품 및 서비스가 본래 갖고 있던 가치를 알기 쉽게 가시화하고, 상품, 서비스와 사람이 관련된 스토리를 만들어 시장에서 빛나게 하기

스토리기술

(고객을 바다라고 한다면) 강이 바다로 흘러가는 것에 빗대, 이 3개의 레벨을 다음과 같이 표현할 수 있다.

- 경영 측면 = 강의 상류
- 브랜드 및 홍보 측면 = 강의 중류
- 판매 측면 = 강의 하류

꼭 기억하기

무조건 팔리는 단계까지 가기 위해 '주인공'을 무엇으로 할지 미리 정해보자.

'스토리 브랜딩'을 완성하는 3개의 화살

다시 말하지만, 스토리 브랜딩은 '스토리의 힘을 사용해 상품, 가게, 회사, 개인을 계속 빛나게 하는 것'이다. 이때 다음과 같이 각각 다른 단계에서 3개의 화살을 구축하는 것이 포인트다.

① 신념 (첫 번째 화살)

• 반드시 실현하고 싶은 목표, 비전

• 회사의 근간이 되는 사고방식, 이념

• 무엇을 목적으로 회사를 경영하는지에 대한 미션

• 세상에 전달하기 위한 큰 뜻과 슬로건

② 차별 포인트 (두 번째 화살)

- 다른 회사에는 없는 특징
- 한마디로 정리할 수 있는 것
- ①번 화살(신념)과 관련이 있는 것

③ 상징적 에피소드 (세 번째 화살)

- ①과 ②의 내용을 상징적으로 보여주는 구체적인 에피소드

앞에서 소개한 아사히야마 동물원을 3가지 화살로 살펴보자.

① **신념** : 일본 최고의 이상적인 동물원으로 거듭나기

② **차별 포인트** : 동물의 활기찬 모습을 볼 수 있는 행동 전시

③ **상징적인 에피소드** : 직원들 각자가 생각하는 이상적인 동물원을 그리고, 동물원 원장님이 직원들의 그림을 바탕으로 시장 앞에서 프레젠테이션한 것

POINT

스토리기술
스토리 브랜딩을 완성하는 3개의 화살은 같은 방향을 향하고, 모순 없이 이어지면서 서로 보완되어야 한다. 그러면 웬만해서는 부러지지 않는 튼튼한 스토리를 구축할 수 있다.

강점을 사회에
기여하면 좋은 점

신념을 발견하는 법

스토리 브랜딩을 완성하는 첫 번째 화살은 '신념'이다.

신념을 찾는 법은 굉장히 단순하다. 그래서 오히려 어렵다고도 할 수 있다. 신념이란, '회사의 강점을 사용해 사회적으로 의의가 있는 것을 이루려는 마음'이다.

하지만 자기 회사의 진정한 강점을 알고 있는 회사는 의외로 적다. 강점이라고 생각했으나 사실은 아닌 경우도 있고, 약점으로 생각하고 있던 것이 진정한 강점인 경우도 자주 있다.

'사회적으로 의의가 있는 것' 역시 어렵다.

물론, 회사를 운영하는 일은 이익을 추구하는 활동이라서 돈을 벌고 싶고, 돈을 갖고 싶은 욕망이 있는 것은 당연하다. 하지만 그런 이기적인 뜻에는 아무도 공감해주지 않는다. 그렇다고 허울 좋은 말을 하면 거짓말처럼 느껴진다.

또한, 쉽게 달성할 수 있는 것은 가슴을 두근거리게 하지 않는다. 어려움이 있어야 더 감동적인 이야기가 될 수 있다. 다만, 실현 불가능한 것은 오히려 역효과다.

이기적이어서도 안 되고, '그림의 떡'이어도 안 된다.

주인공이 노력하면 달성할 수 있을 것 같은 절묘한 신념을 보여줘야 한다. 신념을 발견하려고 할 때, 중요한 것은 우리 회사, 우리 가게 또는 나 자신의 '과거부터 현재까지의 히스토리'다.

히스토리란, 회사나 가게 또는 나의 역사다. 어떤 마음으로 창업했는지, 물려받은 기업이라면 어떤 마음으로 경영권을 물려받았는지, 과거에 어떤 상품이나 서비스를 개발했는지, 거기에 담긴 마음은 어떤 것이었는지, 내 인생은 어땠는지에 대한 것이다.

나도 '기업 스토리 브랜딩'을 해달라는 의뢰를 받으면 그 기업의 역사부터 살펴본다. 경영자 인터뷰는 물론, 창업 에피소드도 자세하게 알려달라고 한다. 그뿐만 아니라, 매장, 공장, 사무실도 직접 견학해보고, 사원들의 이야기도 들어보고, 과거에 했던 광고, 경쟁사와의 관계 등도 조사한다.

이런 것들을 분석하다 보면 이 회사를 어떤 '스토리의 주인공'으로 설정할지, 스토리의 원석을 발견할 수 있다.

하지만 히스토리만으로는 스토리가 생기지 않는다.

기업의 역사를 하나의 스토리로 만들어 홈페이지에 소개하는 회사도 가끔 볼 수 있다. 물론 없는 것보다는 낫겠지만, 유감스럽게도 이것만으로는 '스토리 브랜딩'이라고 할 수 없다. 왜냐하면 그것은 과거에 불과하기 때문이다.

POINT

스토리기술
과거의 영광은 아무리 얘기해도 감동받지 않는다.

과거와 미래의 스토리는
연결되어야 한다

과거와 미래의 스토리 연결법

왜 과거의 스토리로는 스토리 브랜딩을 할 수 없을까?

소설이나 영화라고 생각해보자. 안전한 곳에 있는 주인공이 과거의 영광을 아무리 떠들어봐야 우리는 감동하지 않는다. 그래서 '미래의 스토리'가 중요하다.

가슴 설레는 스토리는 먼저 주인공이 새로운 미래를 만들고 싶다는 포부를 가지고 이야기하면서 시작한다. 그것이 바로 '미래의 스토리'다. 미래의 스토리는 과거의 역사와 이어져 있어야 설득력이 생기고 비로소 실감 나는 '스토리'가 된다.

반대로 아무리 멋진 스토리라고 해도 과거의 역사와 이어지지 않으면, 그 미래는 실현될 것 같지 않다. 당연히 고객에게도, 직원에게도 공감을 얻을 수가 없다.

스토리 브랜딩을 할 때는, 현재의 모습이 과거의 스토리와 미래의 스토리에 이어져 있는 것이 중요하다.

과거의 스토리란?
- **회사나 가게** : 창업 후 현재까지의 히스토리 및 에피소드
- **경영자** : 태어나서 현재까지의 히스토리 및 에피소드
- **상품** : 기획개발부터 판매하는 현재까지의 에피소드

미래의 스토리란?
- **회사, 가게 경영자** :
- 앞으로 어떻게 회사를 경영할 것인지에 대한 미래의 모습
- 내 회사나 가게가 성장했을 때 사회에 어떤 좋은 영향을 미칠 수 있는지
- **상품** : 이 상품 덕분에 소비자의 미래 라이프스타일 변화

POINT

스토리기술
과거가 있기에 현재가 있다. 이것을 미래로 어떻게 연결할지 말함으로써 스토리의 흐름이 완성된다.

미래의 스토리는
짧게 말하라

신념을 짧은 문장으로 만드는 법

미래의 스토리를 문장으로 만든 것은 3개의 화살 중 첫 번째 화살인 '신념'이다.

신념은 회사나 가게, 나 자신이 스토리의 주인공이 되기 위한 가장 중요한 요소다. 하지만 일반적으로 자기 회사의 신념을 세상에 정확히 알리고 있는 회사가 의외로 적다.

어느 정도 규모가 있는 회사는 경영이념이 있다. 하지만 그 경영이념으로 회사를 주인공으로 하는 스토리를 만들 수는 없다.

왜냐하면 경영 이념에서는 강한 의지가 느껴지지 않기 때문이다. 경영이념은 대체로 이미 낡은 경우가 많다. 경영 이념을 기업 이념, 미션, 비전, 신조, 철학 등 다른 말로 표현해도 마찬가지다.

이런 식으로 '분류'해서 문장을 만들려고 하면, 어느 회사가 되었든 상관없는 교과서 같은 문장밖에 나오지 않는다. 회사 이름을 가리고 경영 이념만 읽으면 어느 회사인지 알 수 없을 것이다.

따라서, '스토리 브랜딩'을 할 때는 기업의 이념에 해당하는 말을 '신념'이라는 표현으로 통일한다. 신념이라고 표현하면 강한 의지를 가진 문장이 되어 기업이 스토리의 주인공이 될 가능성이 커진다.

명확한 신념이 있으면, 일단 나 자신과 사원에게 동기부여가 된다. 또한, 지향하는 이미지도 확실해져서 행동으로 옮기거나 새로운 사업을 시작할 때 흔들리지 않는다. 많은 사람이 공감해주는 신념이 있으면 지지를 얻기도 쉬워진다. 그리고, 스토리 황금률을 따르는 주인공이 될 가능성도 커진다.

신념을 세상에 알릴 때 필요한 것이 바로 '짧은 문장'이다.

짧은 문장은, 회사의 신념, 이념을 회사 안과 밖에 알리기 위해 마음에 울림을 주는 문장으로 간결하게 표현한다. 보통 20~200자 정도로 구성하는 경우가 많다. 먼지를 뒤집어쓴 의미 없는 문장이 되지 않도록 신념이 느껴지는 표현을 써야 한다.

이 책에서는 이런 짧은 문장을 더욱 간결하고 의지가 느껴지도록 슬로건으로 만든 것을 '상류 카피'라고 이름 붙였다. 상류 카피는 한 줄, 가능하다면 15자 이내로 표현하는 것이 이상적이다.

가슴을 두근거리게 하는
강력한 한 줄

사람의 마음을 움직이는 법

기업이 지향하는 것을 보여주는 짧은 문장이 슬로건이다(또는, 태그 라인). 하지만, 슬로건도 이런 식으로 적당히 정의해서 '분류' 해 버리면 '~너머에', '~로 행복을', '~에서 세계로', '미래를 만든다' 등 어디에서 들어본 것 같은 상투적인 문장이 되기 쉽다.

유감스럽게도 이런 문구는 사람의 마음을 움직이는 슬로건이 될 수 없다. 당연히 그 기업은 스토리의 주인공이 될 수 없다. '가슴을 두근거리게 하는 강력한 한 줄'이 필요하다.

이것을 명확하게 하기 위해 '상류 카피'라는 말을 생각했다.

경영의 흐름을 강이라고 한다면, 가장 상류에 있고 모든 기업 활동의 이정표가 되는 한 줄이기 때문이다.

상류 카피가 정해지면 상품 개발, 광고, 홍보와 같이 중류와 하류에 있는 모든 기업 활동이 필연적으로 바뀐다. 이것을 감각적으로 이해하기 쉬워지는 것도 '상류 카피'라는 이름이 주는 장점이다.

무대 위에 서 있는 나를 상상해보라.

관객석에는 수많은 고객과 거래처가 나를 보고 있다. 같은 무대 위에는 직원이라는 동료가 있다. 나(우리 회사)는 이제 미래에 어떤 각오로 어려움과 맞설 것인지, 어떤 식으로 사회적 의의가 있는 일을 할 것인지 관객(고객, 거래처)과 동료(직원) 앞에서 말해야 한다. 그때 필요한 단 한 줄이 '상류 카피'다.

우리 회사의 상류 카피가 적힌 큰 깃발이 힘차게 날리고 있는 모습을 떠올려보자. 그리고 다음 질문에 스스로 대답해보자.

그 깃발을 보고 설레는가?
지금부터 시작하게 될 이야기가 기대되는가?
그 이야기에 많은 사람들의 마음이 움직일까?
직원들이 따라와줄까?

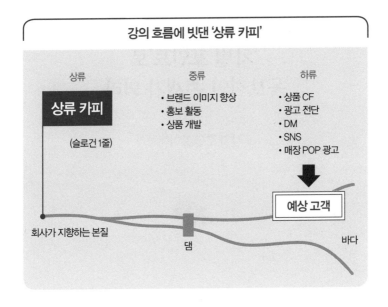

그 깃발에 적힌 한 줄에 가슴 설레는 미래가 느껴진다면, 자연스럽게 여러 가지 이야기가 생겨날 것이다. 만약 그렇지 않다면, 다시 한 번 신념부터 정해보자.

POINT

꼭 기억하기
회사의 신념을 '사람의 가슴을 두근거리게 하는 강력한 한 줄', 즉 상류 카피로 표현해보자.

'차별 포인트'로
독보적인 존재가 되라

차별 포인트 이해하기

스토리 브랜딩을 완성하는 두 번째 화살은 '차별 포인트'다.

아무리 신념이 훌륭해도 다른 회사에도 있는 상품이나 서비스라면 '말은 그럴 듯한데, 뭐가 다른지 모르겠네'라는 인상을 준다. 그래서 우리 회사만의 차별 포인트가 필요하다.

차별 포인트가 있으면 다른 사람에게 추천하기도 쉽다. 추천하기 쉬우면 금세 입소문이 난다. '차별 포인트'란 우리 회사, 가게, 상품, 서비스가 다른 곳과 다른 독보적인 부분을 한마디로 표현한 것이다. 반드시 최고여야 할 필요는 없다.

비즈니스에서는 "최고가 아니면 아무도 기억해주지 않는다"라는 말이 있다. 일본에서 가장 높은 산인 후지산은 누구나 알고 있지만 두 번째로 높은 산은 거의 알려지지 않았다. (정답은 기타다케산이다.) 어떻게 보면 맞는 말 같다.

하지만 정말 그럴까? 어쩌다 보니 두 번째로 높은 산인 기타다케산은 덜 알려졌을 뿐이고, 그밖에도 아소산, 롯코산, 다테야마산, 아사마산 등 유명한 산들이 많다. 이 산들이 높이로는 최고가 아닐지도 모른다. 해발고도가 상당히 낮은 산도 있다. 하지만 모두 나름대로 (최고는 아니라도) 독보적인 존재라서 인기가 있다.

물론, 독보적이라고 해서 잘 팔린다는 보장은 없다. 하지만, 독보적인 상품인데 잘 안 팔린다면 상품이 잘못됐거나 제대로 홍보하지 못했거나, 둘 중 하나다.

P O I N T

스토리기술
마케팅 관점에서 상품이 잘못된 경우는 상품에 문제가 있다는 뜻이 아니라, 상품이 가진 강점을 잘못 알고 있거나 수요가 없는 시장을 타깃으로 설정한 경우를 말한다.

꼭 기억하기
차별 포인트는 신념을 실현하는 수단이다. 신념과 차별 포인트 사이에 모순되는 점은 없는지, 서로 보완하고 있는지를 확인하자.

차별 포인트를 찾는
3가지 기술

차별 포인트를 찾는 법

차별 포인트를 찾는 방법은 여러 가지가 있다. 여기서는 알기 쉬운 3가지 방법을 소개하겠다. 특별히 대단한 발상이나 상품 자체의 힘이 없어도 독보적인 존재가 되는 방법이다. 순서대로 따라가보자.

① 분야 확 좁히기

분야를 좁혀서 그 분야에서 최고가 되는 법이다.

그러면 독보적인 존재가 되어서 차별 포인트를 찾을 수 있다. 다른 회사와 차별화할 수 있고, 전문가로 존경받을 수 있으며, 가치를 아는 고객이 찾아오고, 내가 잘하는 분야에 초점을 맞출 수 있다는 장점도 얻을 수 있다.

물론, 분야를 좁혔다고 해당 분야가 아닌 고객을 거절할 필요는 없다. 좁은 분야의 일을 잘하면, 신기하게도 분야를 넓혀서 무엇이든 대응했던 때보다 훨씬 더 일이 늘어나는 경우가 많다. 반대로 말하면, 거래처와 고객이 줄어들 경우엔 좁혀야 할 분야를 잘못 선택했을 가능성이 크다.

② 홍보 방법 바꾸기

작은 회사나 가게가 차별 포인트를 찾으려면, 메인으로 제공하는 상품이나 서비스가 다른 회사에 없는 것이 좋다.

그렇게 하려면, 고객에게 '다른 회사에는 없는 것처럼 보이도록' 홍보 방법을 바꾸는 것이 효과적이다. 같은 상품이라도 보여주는 방법을 바꾸면 고객에게 주는 인상과 기대감이 달라지고, 스토리도 생긴다. 우리 회사, 가게의 상품에 대해 과감하게 연출 방법을 바꿔보자. 차별 포인트를 찾을 수 있다.

③ 일단 선언하기

조금 막무가내로 느껴질지도 모르지만, 일단 선언해 버리면 그것이 널리 퍼지면서 사실이 될 수 있다.

'우리 회사(또는 제품이나 서비스)가 국내 최고, 세계 최고'라고 어필하는 방식이 가장 쉽다. 회사에 그럴 만한 상품이 없다고 생각하는가? 단순히 회사의 규모나 매출이 1등이어야만 국내 최고, 세계 최고가 될 수 있는 것은 아니다. 관점을 바꾸면 우리 회사도 최고가 될 수 있다. 실제로 '국내에서 가장 작은 목장', '국내에서 가장 그리운 유원지'라고 선언해서 브랜딩에 성공한 회사도 있다.

POINT

스토리기술
독보적인 존재가 되기 위해 차별 포인트를 찾는 3가지 방법을 하나만 해서는 안 된다. 서로 이어져 있다고 생각하고 시도하는 것이 좋다.

1초 만에 각인시키는
'태그' 활용법

태그를 붙여서 각인하는 법

차별 포인트를 찾으면 그것을 한마디로 표현할 수 있어야 한다.

이 책에서는 회사나 가게, 상품이 가진 단 하나의 독보적인 특징을 표현하는 한마디를 '태그Tag'라고 하자. 태그는 원래 꼬리표, 붙이는 메모장을 뜻한다. 블로그 포스팅 끝에 적는 키워드인 '해시태그'도 여기에서 나온 표현이다. 태그를 달면 검색에 쉽게 걸리는 효과가 있다.

예를 들어, 앞에서 소개한 '기적의 사과'를 생각해보자.

'기적의 사과'는 사람들에게 잘 전달되는 태그다. 하지만 이것을 '완전 무비료, 무농약 사과', '자연 재배한 맛있는 사과'라고 하면 어떨까? 같은 특징을 나타내지만, 너무 평범해서 굳이 다른 사람에게 알려주고 싶다는 생각이 들지 않는다.

이건 다른 상품 및 서비스도 마찬가지다. 독보적인 특징이 있어도, 알기 쉬운 태그가 없다면 사람들에게 알려지지 않는다.

아사히야마 동물원을 예로 들면, '동물의 생생한 행동을 보여주는 전시법'은 태그가 될 수 없다.

차별 포인트 찾기

'차별점' 발견

① 분야 좁히기
분야를 좁혀, 좁은 분야에서 최고가 된다.

② 보여주는 방법 바꾸기
우리 회사, 가게가 다루는 메인 상품이나 서비스가
독보적인 것처럼 보이도록 연출법을 바꾼다.

③ 일단 선언하기
일단 선언하면 그것이 사실이 되어서 널리 퍼진다.
'차별화' 완성!

'차별화' 완성!

차별 포인트를 한마디로 표현하는 키워드, 즉 '태그' 찾기 완료.

태그는 캐치프레이즈나 슬로건과 비슷하지만, 좀 더 정확하게 표현한 단어를 말한다. 알기 쉬운 태그가 있으면 다른 사람에게 그 브랜드를 소개할 확률도 높아진다.

POINT

스토리기술
독보적인 스토리는 독보적인 상품이나 서비스를 제공하며 알기 쉬운 태그를 달고, 라벨을 붙여야 비로소 완성된다.

꼭 기억하기
차별 포인트를 한마디로 표현하는 '태그'를 만들어보자.

상징적인 에피소드를
널리 알려라

에피소드 만드는 법

스토리 브랜딩을 완성하는 세 번째 화살은 '상징적인 에피소드'다.

이것은 반드시 실제로 있었던 일이어야 하고, 신념과 차별 포인트를 상징적으로 나타내는 구체적이고 매력적인 에피소드여야 한다.

나는 기업을 취재하거나 '스토리 브랜딩'을 할 때 경영 이념을 담은 상징적인 에피소드가 없는지 자주 물어본다. 구체적인 에피소드가 있고 없고의 차이는, 회사의 이념을 이해시키는 데 큰 역할을 하기 때문이다.

예를 들어, 나가노시에 있는 택시 회사 '중앙 택시'는 유명한 에피소드가 있다. 중앙 택시는 1975년에 설립된 회사로, '손님이 먼저, 이익은 나중에'라는 경영 이념이 있었다.

이 경영 이념을 보고 어떤 생각이 들었는가? 그럴듯하지만 어디선가 들어본 것 같다. 하지만 다음 에피소드를 알면 이 경영 이념을 바로 이해할 수 있을 것이다.

1998년 나가노 동계올림픽 때의 일이다. 개최지였던 나가노시에는 관광객과 취재진이 엄청나게 몰렸다. 덕분에 택시 업계도 올림픽 특수를 누렸다. 기자들은 앞다투어 택시 회사에 택시 예약을 했고, 중앙 택시도 올림픽을 하는 동안 예약이 가득 찼다. 다시는 없을 대목이었다. 그때 어떤 직원이 이렇게 질문했다.

"언제나 우리 택시로 병원에 다니고 있는 그 할머님은 올림픽 기간 동안 어떻게 하죠?"

이 질문을 계기로 평소에 늘 택시를 이용하는 시민들의 이동 수단은 어떻게 할 것인지 토론이 이루어졌다. 우리가 하는 일이 과연 '손님이 먼저, 이익은 나중'이라는 경영 이념에 맞는 것일까? 경영자는 결단을 내렸다. 전용 택시 예약은 모두 거절하고 평소처럼 운행하기로 한 것이다.

나가노에서 전용 택시 예약을 받지 않은 곳은 중앙 택시뿐이었다. 대회 기간 중 다른 택시 회사들은 평소 3배나 되는 매출을 올렸지만, 중앙 택시는 평소와 다르지 않은 매출을 기록했다.

올림픽이 끝나자 관광객들과 각국의 기자들이 썰물 빠지듯 빠져나갔다. 하지만 중앙 택시는 기존에 다른 택시 회사를 이용하던 손님들까지 적극적으로 이용하게 되면서, 오히려 올림픽 전보다 더 높은 매출을 올리게 되었다.

POINT

스토리기술
상징적인 에피소드가 하나 있으면 '신념'은 바로 이해할 수 있게 된다.

꼭 기억하기
우리 회사, 가게, 혹은 나 자신에게 상징적인 에피소드가 있는가? 과거의 사건을 되돌아보면서 찾아보자.

스토리 마케팅 기술 033

에피소드가 있으면
상품이 오래간다

이야기의 힘

상징적인 에피소드가 있으면 스토리에 무게감이 생긴다.

하지만 아무리 생각해도 그런 에피소드가 없는 경우엔 어떻게 해야 될까? 그럴 때는 무엇이든 좋으니 신념으로 연결될 만한 '새로운 시도'를 시작해보자.

예로 들면, 리모델링하기 전의 아사히야마 동물원에서 냠냠 타임, 밤의 동물원, 백 스테이지 투어 등 소소하지만 직원들이 성실하게 노력했던 부분이다. 그렇게 무언가를 일단 시작하면 열정이 생기고, 새로운 에피소드가 생길 가능성이 커진다.

또 다른 방법은 '미래의 에피소드 생각하기'다. 미래의 에피소드란, 1년, 3년, 5년, 10년 후에 일어나길 바라는(신념과 연관 있는) 상징적인 에피소드를 창작하는 것이다. 그리고 이 에피소드를 실현하기 위해서는 매일 어떤 활동을 하면 좋을지 반대로 계산하는 것이다.

상징적인 에피소드가 신념이나 차별 포인트를 만드는 스토리와 연결되면 큰 힘이 되고, 스토리를 입체적으로 만들어 효과를 발휘한다. 신념과 차별화는 추상적인 경우가 많지만, 에피소드는 구체적이어야 한다.

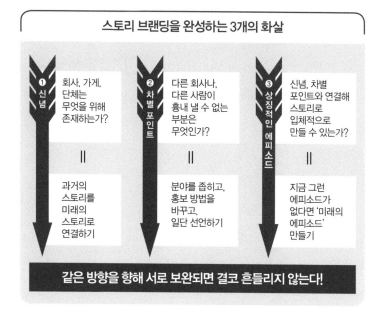

스토리 브랜딩을 완성하는 3개의 화살

❶ 신념
회사, 가게, 단체는 무엇을 위해 존재하는가?
=
과거의 스토리를 미래의 스토리로 연결하기

❷ 차별 포인트
다른 회사나, 다른 사람이 흉내 낼 수 없는 부분은 무엇인가?
=
분야를 좁히고, 홍보 방법을 바꾸고, 일단 선언하기

❸ 상징적인 에피소드
신념, 차별 포인트와 연결해 스토리로 입체적으로 만들 수 있는가?
=
지금 그런 에피소드가 없다면 '미래의 에피소드' 만들기

같은 방향을 향해 서로 보완되면 결코 흔들리지 않는다!

아무리 신념과 차별화된 이야기가 좋아도, 에피소드가 부족하면 우리 회사의 매력이 충분히 드러나지 못할 수 있다.

또, 이 3개의 화살은 같은 방향으로 향하며, 모순 없이 서로 이어져서 보완해야 한다. 그래야 3개의 화살이 부러지지지 않는 최강의 스토리를 만들 수 있다. 그렇게 되면 회사나 가게의 중심이 흔들리지 않는다. 고객, 직원, 지역의 입장에서도 무엇을 지향하는 회사인지, 어떤 특징이 있는지, 매일 어떤 활동을 하는지 알기 쉬워진다.

POINT

스토리기술
미래의 에피소드가 될 만한 생각이 떠올랐지만, 그것이 신념, 유일한 포인트의 화살과 반대되는 것이라면 버릴 용기도 필요하다.

스토리의 씨앗을 찾는 법,
심는 법, 기르는 법

회사와 상품을 분석하는 법

스토리로 상품을 팔기 위해서 가장 먼저 해야 하는 것이 있다. 해당 상품과 회사를 철저하게 '아는' 것이다. 상품이라면 표면적인 스펙뿐만 아니라, 상품을 구성하는 재료의 에피소드까지 주목해야 한다. 상품을 사람이라고 생각하고 인터뷰해보는 것도 좋다.

출신지는? 생년월일은? 어릴 때 추억은? 엄마와 아빠는 어떤 사람인가? 장점과 단점은? 가장 열심히 했던 일은? 취미는? 존경하는 유명인은? 첫사랑은? 좌우명은?

스스로 상품이나 회사가 되어 대답해본다. 묻고 대답하는 과정에서 그 상품의 캐릭터가 보이거나, 의외의 것을 발견할지도 모른다.

인터뷰하는 역할과 상품의 역할을 각각 다른 사람이 맡아서 하면 더 좋다. 나아가 상품의 개발자, 제조자, 영업자, 판매원, 고객 등의 이야기를 들어보자. 생산, 제조, 판매 등 현장에서 스토리의 원석을 발견하는 일이 자주 있다.

회사가 스토리의 주인공인 경우도 마찬가지다. 창업부터 현재까지의 역사를 철저하게 조사한다. 창업자와 경영자의 생애에 힌트가 있는 경우도 많다.

지금부터라도 스토리의 씨앗을 심고, 천천히 키우면 된다. 결국에는 싹이 나와 꽃을 피우고, 달콤한 열매를 손에 넣을 것이다. 과거나 현재에 이야기가 없다면 미래를 위해 스토리를 키우면 된다.

POINT

스토리기술
씨앗을 뿌리지 않으면 싹은 나오지 않는다. 하나라도 좋으니, 반드시 스토리의 씨앗을 심는 것이 중요하다.

꼭 기억하기
바로 이야기의 싹이 나오지 않는다고 포기하면 안 된다. 성공의 이면에는 수많은 실패가 있었다. 싹을 틔울 때까지 포기하지 말고 계속 도전하자.

4장

물건이 아니라
이야기를 팔아라
_ 성공사례

"물건을 팔려면 어떤 이야기를 해야 할까?"

고객이
진짜 원하는 건 뭘까?

타깃을 좁혀 시장을 여는 법

이사가와현에 있는 빵공장 직영점인 '알레르기 대응 빵tonton'은 빵공장이 운영하는 매장이다. 다른 평범한 빵집처럼 갓 구운 빵을 매장에 내놓지 않고 봉투에 넣어 판매하고 있다.

그런데도 다른 지역에서까지 빵을 사기 위해 오고, 빵을 대량으로 사 가는 사람도 있다. 특히, 인터넷 판매나 보육원 등에서 많이 구매한다.

이 가게의 빵을 왜 이렇게 잘 팔릴까? 이 가게는 달걀, 우유, 견과류를 사용하지 않는다. 그래서 해당 재료에 알레르기가 있는 사람, 가정, 시설에서 이 빵을 사 가는 것이다.

사장인 이토 씨는 요코하마에 있는 유명한 가게에서 제빵 기술을 배운 후 이사가와현에 와서 빵집을 열었다. 초반에는 빵이 전혀 팔리지 않아 재고가 많이 남았다.

그러던 어느 날, 어떤 고객이 "달걀과 유제품을 사용하지 않는 빵을 만들어줄 수 있나요?"라고 물었다. 초등학생인 딸이 알레르기가 있어서 일반적인 빵을 먹을 수 없었기 때문이다. 그래서 고심한 끝에 달걀과 유제품을 사용하지 않은 쿠페빵을 만들어주었다. "맛있어요!" 빵을 맛본 아이는 활짝 웃었다.

그날 이후, 이토 씨의 가게는 '알레르기가 있는 아이들도 먹을 수 있는 빵을 만든다'라는 콘셉트가 생겼다. 달걀이나 유제품을 사용하지 않고 맛있는 빵을 만드는 일은 쉽지 않았지만, 결국에는 부드럽고 맛있는 '알레르기 대응 빵'을 만들었다.

이후 빵 제조 공장도 짓고, 알레르기 대응 빵 전문점도 오픈했다. 지금도 전국에서 주문이 들어오고 있다.

POINT

스토리기술
평범한 빵집이 알레르기를 가진 아이들로 고객층을 확 좁혔더니 신념이 생기고 스토리가 있는 빵집이 되었다.

꼭 기억하기
용기를 내어 고객층을 좁혀보자.

고객의 성별을
제한해보라

특정 대상만을 위한 서비스

여성만 회원으로 받아서 성공한 기업으로, 미국의 피트니스 클럽 '커브스'가 있다.

창업자인 게일리는 13살 때 어머니를 잃었다. 어머니의 나이는 40세에 불과했지만, 비만, 고혈압, 당뇨병까지 앓고 있었다. 그런 어머니를 보면서 게일리는 처음에 의사가 되겠다는 목표를 세웠다. 하지만, 약과 치료만으로는 어머니와 같은 고도 비만자를 도울 수 없다는 것을 깨달았다. 결국, 엄마 같은 사람이 건강해지려면 올바른 운동 습관이 필수라는 생각에 이르게 된다.

운동할 장소만 있다면 엄마 같은 사람도 건강을 유지하며 살

수 있다고 생각해 피트니스 클럽을 열었다. 하지만, 얼마 가지 않아 실패했다. 운동을 싫어하고 자신의 몸매에 콤플렉스가 있는 중년 여성은 애초에 피트니스 클럽을 찾지 않았던 것이다.

게일리는 중년 여성들이 피트니스 클럽에 오지 않는 이유를 조사했고, 3가지 이유를 발견했다. 바로 Man(남자), Maku-up(화장), Mirror(거울)이었다. 남자들의 시선이 싫다, 운동하러 가는데 화장하고 싶지 않다, 거울로 보는 내 모습이 싫다. 이것이 중년 여성들이 피트니스 클럽에 오지 않는 이유였다.

게일리는 'NO MEN, NO MAKE UP, NO MIRROR'라는 구호 아래, 회원과 직원이 모두 여성인 피트니스 클럽 '커브스'를 설립했다. 커브스에는 사물함이나 샤워실이 없고, 거울도 없다. 그리고 근력 트레이닝이나 가벼운 유산소 운동, 스트레칭 등 건강을 좋게 만드는 운동을 딱 30분만 하는 피트니스 클럽이다. 이곳에서는 언제나 친절한 코치가 상냥하게 말을 걸고 도와준다.

커브스의 참신한 콘셉트는 큰 히트를 기록했다.

POINT

스토리기술
남성 전용 미용실, 네일숍, 제모숍 등 남성 전용 미용숍도 인기가 많다. 주변 사람의 시선이 신경 쓰여서 마음 편히 남성 전용숍에 가고 싶어 하는 남성들도 있는 것이다.

'하나'에만 집중한다면?

하나의 제품으로 전문점 되기

빵집은 보통 수많은 종류의 빵을 매장에 진열해놓고 판다. 그런데 크림빵 하나만 가지고 작은 마을에서 전국으로 진출한 빵집이 있다.

'핫텐도八天堂'는 1933년에 화과자 가게로 문을 열었다. 그러다가 3대 사장인 현 사장 모리미쓰 씨가 빵집으로 업종을 바꿨다. 한때는 히로시마에서 13개의 빵집을 운영하기도 했지만, 무리한 사업 확대로 부도 직전까지 가는 위기를 겪었다.

'이대로 있다가는 미래가 없다'라고 생각한 모리미쓰 씨는 가게를 대표할 주력 상품을 하나 만들기로 한다. 비슷한 위치에 있던 화과자 가게가 머스캣을 찹쌀떡으로 감싼 '머스캣 찹쌀떡'으로 백화점까지 진출하며 크게 성공하자 자극을 받은 것이다.

모리미쓰 씨는 여러 번의 시행착오 끝에 '입 안에서 살살 녹는 빵'이라는 아이디어를 떠올렸고, 결국 크림빵을 만들기로 했다. 하지만 거기서부터 또 고난의 연속이었다. 입 안에서 살살 녹게 만들려고 빵을 먼저 굽고 크림을 빵 속에 넣으려고 했지만, 잘되지 않았다. 어떤 방법을 써도 크림이 자꾸 밖으로 빠져나왔다.

그러던 어느 날, 테스트용으로 만든 빵을 버리기 아까웠던 직원들이 빵을 냉장고에 넣어 두고 간식으로 먹는 것을 보고 힌트를 얻었다. 냉장고에 넣어 두면 빵과 크림이 일체화되어 촉촉한 느낌을 준다는 사실을 알게 된 것이다. 밀가루에 박력분 비율을 늘려서 크림이 빠져나오는 문제도 해결했다. 그렇게 '입 안에서 사르르 녹는 크림빵'이 탄생했다.

시범 판매 결과, 이 크림빵은 고객들에게 굉장히 좋은 평가를 받으면서 순식간에 모두 팔렸다. 이에 자신감을 얻어 기존에 판매하던 100종류가 넘는 빵 대신 크림빵 하나에만 집중하겠다는 전략을 세웠다. 물론 반대하는 직원들도 있었지만, 모리미쓰 씨의 신념은 흔들리지 않았다.

크림빵 하나에만 집중하면서 매출은 더욱 늘어났다. 도쿄에도 진출하는 등 지역에 상관없이 경이로운 매출을 기록했다. TV에서 연예인이 소개하면서 인지도도 점점 더 올라갔다. 현재는 일본은 물론, 싱가포르, 홍콩, 캐나다 등 해외까지 진출했다.

POINT

꼭 기억하기

판매 상품의 종류를 줄이고 '한 가지 상품'에 집중해보자.

제품 수를 줄이면
경쟁도 줄어든다

경쟁 영역 좁히는 법

가나가와현의 한 마을에 있는 '겐페이 상점'은 원래 비치 샌들, 튜브, 잠자리채 등 특정 계절 상품을 파는 잡화점이었다.

특히, 비치 샌들의 종류가 엄청나게 많았다. 근처에 기업 연수원이 많아서, 여러 곳에서 의뢰를 받다 보니 비치 샌들 종류가 많아진 것이다. 이 비치 샌들은 신었을 때 발이 피로하지 않도록 세세한 부분까지 신경 써서 만든 제품이었다.

하지만 비치 샌들을 판매하는 계절은 여름뿐, 겨울에는 내복, 양말, 스타킹 등 의류나 일상용품을 팔았다. 바다 근처에 있는 상점가에서 쉽게 볼 수 있는 그런 가게였다. 전국에 있는 작은 가게 대부분이 그렇듯이 겐페이 상점도 매출이 천천히 떨어지고 있었다.

1990년대 후반, 점장이 된 나카지마 씨는 이런 생각을 했다.

'동네 주민들이 오지 않는다면 먼 지역 사람들이 찾아오는 가게로 만들면 어떨까?'

하지만 멀리서 찾아오게 하려면 '특별한 가치가 있는 가게'가 되어야만 했다. 그는 '비치 샌들'에서 답을 찾았다. 처음 가게에 들어갔을 때 '우와, 비치 샌들이 크기도 다양하고 종류도 많구나'라면서 감동했던 기억을 떠올린 것이다. 비치 샌들 장인이었던 선대 사장이 신경 써서 모은 비치 샌들을 세상에 더 많이 알리고 싶은 마음도 있었다.

나카지마 씨는 '어차피 망할 거라면 내가 좋아하는 일을 해야겠다!'라고 결심하고, 과감하게 비치 샌들 전문점을 만들기로 했다. 원래 여름 한철 주력 상품이었지만, 이 정도로 품질 좋은 비치 샌들이라면 겨울에도 팔릴 수 있다고 생각했다.

그렇게 2001년, 비치 샌들 전문점을 오픈하고 인터넷 판매를 시작했다. 밑창과 끈 부분의 색 조합을 소비자가 자유롭게 선택할 수 있게 한 것이 특징이었다.

비치 샌들 전문점이 드물었기 때문인지, 겐페이 상점의 비치 샌들은 인터넷에서 6개월 만에 800켤레가 팔렸다. 전국에서 주문이 들어올 뿐만 아니라, 인터넷으로 제품을 구매한 고객이 가게도 보고 싶다며 멀리서 찾아오기도 했다.

잡지, 라디오 등에서 취재하고 싶다는 요청도 받았다. 다양한 기업 및 프로 스포츠팀과 콜라보를 한 비치 샌들도 만들었다. 겐페이 상점의 비치 샌들은 이렇게 하나의 브랜드로 자리잡았다.

POINT

꼭 기억하기
용기를 내어 하나의 상품만 홍보해 경쟁 영역을 확 좁혀보자.

'쓰임'을
새롭게 생각하라

#용도 좁히는 전략

도쿠시마현에 있는 '고바야시 골드 에그'는 다양한 전용 계란을 판매해서 다른 회사와 차별화한 곳이다.

30명의 직원이 있는 계란 도매회사의 사장 고바야시 씨는 처음에 어떤 요리에나 어울리는 궁극의 계란을 개발하려고 했다. 그러다가, 거래처 중 한 음식점에서 하는 말을 듣고 눈이 번쩍 뜨였다.

"다양한 업자들이 제품이 좋다면서 팔러 오지만, 어떤 메뉴가 있는지 물어보는 사람은 없더군요. 요리에 따라 어울리는 계란이 다를 텐데…."

그 말을 듣고, 원래는 가게의 메뉴를 알고 나서 상품을 제안해야 하는데 일방적으로 '좋은 계란'이라고 말하면서 팔고 있었다는 사실을 뒤늦게 깨달았다.

고바야시 씨는 각 요리에 맞는 계란을 팔아야겠다고 생각했다. 그래서 사원들과 함께 요리별로 수십 종류의 계란을 사용해보고 향, 맛, 식감, 색깔 4가지 항목으로 구분해 점수를 매겼다. 이렇게 2년에 걸쳐 데이터를 모았다. 12곳의 양계장과 계약을 맺고 매장용, 가정용을 포함해 70종류 이상의 계란을 다루고 있었던 것이 도움이 되었다.

그 결과, 날 것 그대로 밥에 올려 먹으면 맛있는 계란은 농후한 계란, 가열해서 부드러워지는 것은 흰자 비율이 높아서 식감이 부드러운 계란이라는 특성을 알게 되었다. 그렇게 덮밥용 날계란, 오믈렛용 계란 등 요리별 계란을 백화점과 마트에서 판매하기 시작했다. 일반 계란보다 비싼 가격에도 불구하고 다시 계란을 찾는 고객이 늘어났다.

다른 회사에서도 비슷한 계란이 나오기 시작했지만, 전용 요리수를 늘리고 닭의 품종을 제한하고 먹이도 바꾸는 등 계란의 품질을 향상시키는 데 집중했다. 그 결과, 닭고기덮밥용, 계란말이용, 계란찜용, 온천계란용, 카르보나라용 등 회사가 다루는 83종의 계란 중 요리별 전용 계란 16종을 내놓을 수 있었다.

인터넷으로도 5종류의 계란을 한 세트로 묶은 '첫 소믈리에 계란 세트'를 포함해 19개의 새로운 계란 아이템을 판매하며 매출을 올리고 있다. 그리고 고바야시 씨는 자기 자신을 '계란 소믈리에'라고 소개하며 각종 SNS에서 다양한 스토리를 보여주고 있다.

POINT

스토리기술
같은 상품이라도 'OO 전용'이라는 이름을 붙이면 스토리가 생긴다.

꼭 기억하기
전략적으로 제품의 용도를 좁혀보자.

감정을 건드려라.
생각보다 많은 걸 얻는다

시간대나 계절 한정하기

2002년 캔커피 업계에 충격적인 사건이 발생했다. 유명 음료 회사 아사히 음료에서 아침 전용 커피 '원더 모닝샷'을 출시한 것이다.

그때까지 수많은 회사들은 커피콩, 커피 추출법 등 주로 커피의 '맛'으로 경쟁하고 있었다. 그런데 갑자기 '아침'이라는 한정된 시간을 판매하는 회사가 등장한 것이다. 아침 전용으로 시간대를 제한했음에도 불구하고, '원더 모닝샷'은 빅히트를 기록했다. 지금도 완전히 같은 콘셉트로 높은 매출을 올리고 있다.

당시 '원더' 커피는 캔커피 브랜드 5등이었다. 원더 커피팀은 기존과 똑같이 해서는 판매력을 높일 수 없다고 생각해서 캔커피의 가치부터 다시 검토하기 시작했다.

그 결과, 아침에 졸음을 쫓기 위해, 일을 시작하기 전에 마음을 다잡기 위해 커피를 마시는 사람이 많다는 사실을 알게 되었다. 그래서 '아침 전용'이라는 키워드가 나왔고, 그 점이 큰 인기를 끌게 된 것이다.

계절을 한정해서 히트 친 상품도 있다.

1998년, 일본 첫 계절 한정 맥주 '삿포로 겨울이야기'가 출시되었다. 이미 레드오션인 여름보다 오히려 수요가 줄어드는 겨울 한정 상품을 내놓자는 아이디어가 나왔다. 이름은 셰익스피어의 희곡 '겨울이야기'에서 힌트를 얻었다. 패키지는 바뀌었지만, 여전히 잘 팔리고 있는 효자 상품이다.

물론, 두 상품에는 아침에 마시면 좋은 커피 성분과, 겨울에 어울리는 맥주 성분이 들어 있을 것이다. 하지만, 모르고 마셨을 때 차이를 아는 사람은 많지 않다. 팔리지 않던 브랜드를 (내용물을 거의 바꾸지 않고도) '아침 전용', '겨울 한정'과 같이 시간대나 계절을 한정해 새롭고 감정적인 가치를 창출한 스토리 마케팅 사례다.

시간대를 좁힌 카피로 대히트한 상품도 있다.

하마마쓰 명과에서 판매하는 '우나기 파이'가 그 예다. 우나기 파이는 1961년에 출시되어 70~80년대에 '밤에 먹는 과자'라는 카피로 크게 히트했다. 바쁜 가족들이 다 모일 수 있는 시간대가 밤이라서 가족들이 밤에 단란하게 먹길 바라는 마음에 붙인 이름이었다.

하지만, '하마마쓰'는 유흥가로 유명했고, 과자 이름에 장어(우나기)가 들어 있어 '정력이 올라간다'라는 뉘앙스로 유명해지고 말았다. 물론 상품 자체도 맛있지만, 그 카피가 아니었다면 그렇게까지 유명한 과자가 되지 않았을 것이다.

POINT

꼭 기억하기
제품의 계절과 시간대를 한정해보자.

재미있는 이야기를
덧붙여라

상품의 정의 바꾸는 기술

도쿄 신바시에 있는 오래된 화과자 가게 신쇼도^{新正堂}의 명물은 '할복 모나카'다. 갈라진 모나카 사이로 팥소가 흘러넘치듯이 드러나 있는 것이 특징이다. 하루에 수천 개씩 팔린다는 히트 상품으로, 지금은 대형 백화점과 공항 특산물 코너에서도 팔고 있다. 특히 비즈니스맨들 사이에서 인기가 높다.

이 상품은 3대 사장인 와타나베 씨가 오래 보관할 수 있고 지역 특색이 묻어나는 명물을 만들고 싶다고 생각해서 3년에 걸친 연구 끝에 자신 있게 내놓았다.

할복이라는 위험한 이름이 붙은 이유는 가게가 위치한 곳이 '주신구라(무사 46인이 주군의 원수를 갚은 사건)'로 유명한 아사노 나가노리가 할복한 집터였기 때문이다. 하지만 가족들은 '할복 모나카'라는 이름이 불길하다면서 엄청나게 반대했다. 모나카는 병원에 병문안 갈 때 사 가는 손님이 많았기 때문이다.

그런데도 와타나베 씨는 '할복'이라는 단어가 주는 강력한 인상을 포기하지 못하고, 몇 년에 걸쳐서 가족을 설득해 지금의 이름을 붙였다. 하지만 처음에는 맛도 모양도 자신이 있었는데 전혀 팔리지 않았다.

그러다 어느 증권회사 지점장과 나눈 대화가 흐름을 크게 바꿨다. 지점장은 와타나베 씨에게 조언을 구했다.

"고객에게 수억 원의 손실을 안긴 부하 직원과 사과하러 가야 하는데 무슨 선물이 좋을까요?"

"제 배는 가르지 못하지만, 이 모나카는 배를 가른 상태입니다'라고 말하면서 사과하는 건 어떻습니까?"

와타나베 씨는 이렇게 말하며 할복 모나카를 추천했다. 농담으로 한 말이었는데, 지점장은 이 말을 진심으로 받아들이고 사죄용 선물로 '할복 모나카'를 사 갔다. 그리고 일주일 뒤에 다시 가게를 찾아와 "와타나베 씨의 말대로 사과했더니 웃으며 용서해주셨어요"라며 이야기를 전해주었다.

이 에피소드를 알게 된 한 신문기자는 '증권회사에서 사죄용 선물로 인기 만점, 할복 모나카'라는 기사를 썼다.

조금 특이하지만 평범한 과자에 '사죄용 선물'이라는 새로운 정의가 생긴 순간이었다. 덕분에 할복 모나카는 히트 상품이 되었다.

장소를
새롭게 정의하라

장소의 정의를 바꾸는 기술

일본에는 수많은 스키장이 있지만, 스키 인구의 감소로 대부분은 경영난에 시달리고 있다. 그러나 장소를 새롭게 정의해서 부활에 성공한 스키장이 있다.

'스노 크로즈 온즈' 스키장은 홋카이도의 주요 관광지인 삿포로, 오타루에서도 가깝고 이시카리만의 절경을 바라보며 스키를 탈 수 있다는 장점이 있었다. 단지, 규모가 작고 리프트가 2개뿐이라는 것이 단점이었다. 주변에는 대규모 스키장이 즐비해서 전성기에 비해 이용자가 50%밖에 차지 않았고, 2012년에 결국 폐업이 결정되었다.

폐업을 반대하는 스키장 팬들이 서명 운동을 하던 중, 망해가는 스키장을 살려내는 것으로 유명한 맥어스(호텔, 스키장, 골프장 등 리조트 시설의 경영 및 경영위탁을 하는 회사)에서 경영권을 취득하면서 본격적으로 스키장 살리기에 나섰다.

맥어스는 먼저 스키장의 정의부터 바꾸기로 했다.

이곳은 규모가 작아서 스키장의 매력은 다른 곳보다 떨어졌다. 그래서 이 스키장을 '스키를 탈 수 있는 피트니스 클럽'이라고 새롭게 정의했다. 삿포로, 오타루의 중심지에서 차로 30~40분이면 올 수 있는 지리적 장점을 활용해 '피트니스 클럽에 가는 대신 스키장으로 오세요'라는 메시지를 던진 것이다.

그리고 요금을 과감하게 낮췄다. 기존에는 리프트 시즌권이 4개월에 6만 엔이었지만, 피트니스 클럽이라고 생각하면 너무 높은 금액이었다. 그래서 피트니스 클럽에 걸맞게 한 달 이용 금액을 5천 엔으로 계산해 4개월에 2만 엔짜리 리프트 시즌권을 판매했다. 당시 다른 스키장 금액의 1/3에 해당하는 파격적인 가격 인하였다. 그리고 '피트니스 클럽보다 저렴하다. 건강을 위해서 꼭 한 번'이라는 카피로 홍보했다.

이 밖에도 초보자 코스 개설, 무료 셔틀버스 증편, 19세 리프트권 무료 등 다양한 캠페인을 벌인 결과, 1년 만에 입장객 수가 작년의 두 배 이상 늘어났다.

리프트 요금은 내렸지만, 여러 가지 캠페인을 통해 음식점 이용 및 장비 렌탈 비용이 늘어났기 때문에 매출은 50% 이상 올랐다. 다음 해 여름에는 슬로프에 약 30만 그루의 백합을 심어 '온즈봄 향기 백합정원'을 개원하여 스키 고객 이외의 입장객도 끌어모았다.

POINT

스토리기술
상품의 정의를 바꾸는 것처럼 장소의 정의를 바꾸는 법도 있다.

꼭 기억하기
이미 익숙한 장소를 새롭게 정의해보자.

약점은
새로운 기회가 될 수 있다

마이너스를 무기로 삼는 법

스웨덴의 유카스예르비는 북극권에서 북쪽으로 200km 떨어진 곳에 위치한 작은 마을이다. 1980년까지는 아무것도 없고 겨울에는 얼음과 눈에 갇혀 춥고 어둡기만 했던 이 마을이 지금은 유명 관광지가 되었다. 그 비결은 무엇일까?

관광객들이 이곳을 찾는 목적은 '아이스 호텔'이다. 이름 그대로, 호텔 전체 객실이 통째로 얼음으로 만들어진 호텔이다. 전 세계에서 선발된 아티스트가 얼음으로 가구와 조각을 만들어서 12월에 방이 완성된다. 그리고 따뜻한 4월이 되면 녹아서 사라진다.

아이스 룸에서는 얼음 침대 위에 사슴 가죽을 깔고, 그 위에 추운 지역 전용 침낭에 들어가 잠을 자기 때문에 얼음의 냉기가 느껴지지 않는다고 한다.

아이스 호텔은 원래 얼음 조각에서 힌트를 얻어 1989년에 탄생했는데, 이후 점점 규모가 커지자 환상적인 방에 머물고 싶어 하는 관광객이 전 세계에서 찾아오게 되었다.

어둡고 추운 겨울이라는 마이너스 요소를 최고의 무기로 바꾼 발상의 전환은 세계에서 가장 성공한 관광 비즈니스 모델로 평가받는다.

마찬가지로, 극한의 땅인데 겨울에 많은 관광객이 찾는 장소도 있다. 홋카이도에 있는 '북의 대지 수족관'이다.

도심부에서 멀리 떨어진 산 위에 있는 이 수족관은 담수어밖에 없고, 겨울에는 영하 20도까지 온도가 떨어진다. 그래서 겨울에는 운영하지 않았다. 그러다가 2012년에 리뉴얼을 거쳐 오픈한 후, 1년 동안 30만 명이 찾는 인기 수족관으로 거듭났다.

어떤 일이 있었을까?

이 수족관에 '세계 최초'가 있었기 때문이다. 바로, 냉동 수조다. 수족관의 야외 마당에는 홋카이도의 강을 재현한 '사계의 수조'가 있는데, 겨울에는 말 그대로 꽝꽝 얼어버렸다. 수족관이라는 장소의 특성을 생각해보면 최대 약점이다.

하지만 이 수족관은 '최대 약점'을 기회로 바꿔, 고객이 얼어붙은 수면 밑에서 활동하는 물고기들의 모습을 관찰할 수 있도록 만들었다.

자연적으로 얼어붙은 자연 하천의 수면 아래에서 물고기들이 어떤 식으로 활동하는지 궁금하지 않는가? 관광객은 얼어붙은 수조를 보기 위해 한겨울에 일부러 이 수족관을 찾아온다.

POINT

스토리기술
일반적으로 생각하면 마이너스지만, 꾸준하게 판매될 수 있는 스토리가 숨어 있는 경우도 많다.

꼭 기억하기
얼핏 약점이라고 생각되는 부분에 초점을 맞춰보자.

부정적인 이미지를
바꾸려면 '이렇게' 해보라

새 이름을 붙이는 법

'공장 야경'이라는 말 들어본 적 있는가?

이른바 '공장 야경'의 붐을 일으킨 곳은 가나가와현 연안에 있는 공업지대다. 과거에는 공해의 상징이었지만, 공장이 가진 기능적인 미가 마니아들 사이에서 화제가 되었다. 특히 밤에 보는 공장은 SF 영화 속 풍경 같아서 환상적인 느낌마저 자아낸다.

이것에 영감을 받아 '공장 야경 크루즈'를 운영하기도 했다. 버스 패키지 투어도 운영하고 있는데, 예약하기 어려울 정도로 인기 코스다.

2011년에는 '제1회 전국 공장 야경 서밋 in 가와사키'도 열렸다.

비슷한 다른 도시들도 영감을 받아 '전국 12대 공장 야경 도시'라고 같이 홍보했다. 이 도시들은 관광 도시로서는 거의 주목받지 못했던 도시였다. 그런데 마이너스 이미지가 강했던 '연안의 공업지대'를 관광 자원으로 만든 것이다.

이런 예는 또 있다.

후쿠시마현의 아이즈 철도는 폐지가 정해진 노선을 계승한 철도 회사다. 이용자는 매년 줄고 있었고 동일본 대지진 때 큰 타격을 입었다. 하지만, 여러 가지 아이디어를 내면서 조금이라도 많은 고객을 확보하기 위해 노력했다.

그중 하나가 '오자토로 전망 열차'나. 창문 유리를 없애서 창밖의 근사한 자연을 충분히 만끽할 수 있는 열차다. 그런데 문제가 하나 있었다. 산악 지대를 거치기 때문에 많은 터널을 지나야 했다. 터널을 지나는 동안에는 경치를 즐길 수 없고, 암흑과 소음을 겁내는 아이도 있었다.

'터널 안에서도 승객을 즐겁게 할 방법이 없을까?'

회사에서는 깊이 고민했고, 암흑 상태의 벽을 스크린으로 삼아 영상 작품을 상영하기로 했다.

터널을 통과하는 동안 열차의 천정에 달린 프로젝터를 이용해 터널 양쪽 벽에 아이들이 좋아할 만한 짧은 애니메이션을 보여주고, '터널 극장'이라고 이름 붙였다. 그러자 새까맣고 시끄럽기만 했던 터널 구간이 어떤 애니메이션을 볼 수 있을지 기대하게 되는 시간으로 바뀌었다.

이 서비스는 큰 호평을 받았고 '터널 극장'을 즐기기 위해 오는 관광객도 늘었다. '터널이 많다'라는 마이너스 요소를 최고의 관광 상품으로 바꾼 좋은 사례다.

POINT

스토리기술
별로 좋은 이미지가 아니었던 것에 새로운 이름을 붙여 정의를 바꾸면 스토리가 생긴다.

꼭 기억하기
마이너스 요소에 다른 이름을 붙여 새롭게 정의해보자.

타깃 고객을
새롭게 정의하라

고객의 이미지를 바꾸는 법

혼다는 오토바이 업체로서 큰 성공을 거둔 기업이다.

1958년 출시한 슈퍼커브 C100가 크게 히트했고, 이런 성공을 발판으로 삼아 해외에 진출했다.

1959년, 미국에 '미국 혼다사'를 설립되었다. 당시 미국의 주요 이동 수단은 자동차였다. 미국의 오토바이 시장은 일본과 비교하면 10분의 1에 불과했고, 1년에 6만 대밖에 팔리지 않았다. 심지어 팔리는 오토바이는 대부분 할리데이비슨과 같은 500cc 이상 대형 오토바이였다.

미국 혼다사도 처음에는 대형 오토바이를 팔려고 했지만, 전혀 팔리지 않았다. 차라리 소형 오토바이인 '슈퍼컵'이 더 잘 팔리는 편이었다. 그래서 1961년부터는 슈퍼컵에 주력하기로 하고, 다음 해인 1962년에는 1년에 4만 대를 팔았다. 하지만 여전히 오토바이는 미국에서 주요 이동 수단이 아니었다.

1963년, 미국 혼다사는 매출 목표를 연간 20만 대로 설정하고, 대규모 광고 캠페인을 실시했다. 광고 콘셉트는 '오토바이를 타는 사람의 이미지를 바꾸는 것'이었다.

당시 미국에서 오토바이는 '크기가 크고, 가죽 점퍼를 입은 무법자들의 전유물'이라는 이미지가 있었다. 그런 이미지를 '멋진 사람들이 타는 이동 수단'이라는 이미지로 바꿔야 했다.

You Meet Tht Nicest People On HONDA
(가장 멋진 사람들이 타는 혼다)

결국 이 문구가 채택되었다. 컬러풀한 일러스트로 남녀노소를 불문하고 멋진 사람들, 이른바 나이시스트 피플(Nicest People)이 여러 가지 목적으로 슈퍼컵을 타는 모습이 그려졌다.

이 광고는 〈라이프〉, 〈룩〉, 〈포스트〉, 〈플레이보이〉 등 대중적인 잡지에 실렸다. 오토바이 광고가 이런 잡지에 등장한 것은 처음 있는 일이었다. 이 캠페인은 오토바이에 전혀 관심이 없고, 오히려 혐오감을 가진 사람들이 '오토바이를 일상에서 가볍게 탈 수 있는 이동 수단'으로 인식하게 만드는 데 성공했다. 또한, 혼다라는 이름이 미국 전역에 널리 알려졌다.

이 '나이시스트 피플' 캠페인을 통해 슈퍼컵은 생일이나 크리스마스에 선물할 정도로 히트 상품이 되었다.

P O I N T

꼭 기억하기
상품의 주요 고객을 새롭게 정의해보자. 새로운 이야기가 시작된다.

감동적인 경험을
선물하라

체험을 파는 법

사이타마현에 있는 광학기기 업체 '빅센'은 특히 우주 망원경 분야에서 높은 점유율을 차지하고 있고, 세계적으로도 유명한 브랜드다. 하지만 우주 망원경 시장은 최근 십수 년간 계속 축소되고 있다. 1986년 핼리 혜성 접근 이후, 우주에 대한 사람들의 관심이 줄어들면서 팬층은 중장년 남성만 남아 있었다.

이런 상황에서 빅센은 자사 상품을 통해 얻을 수 있는 체험을 적극적으로 제공해 새로운 시장을 확보하기로 했다.

먼저 젊은 여성을 주요 타깃으로 정하고, 야외 콘서트 공연장에 나가 쌍안경으로 밤하늘을 보는 체험을 제공했다. 홍보 카피는 '낮에는 라이브를, 밤에는 별을 보지 않으실래요?'였다.

천체에는 관심이 없어도, 별이 있는 밤하늘에는 관심이 있을 거라고 생각했기 때문이다. 쌍안경으로 천체를 관측할 수 있을까 싶지만, 달의 크레이터(표면에 보이는 움푹 파인 큰 구덩이)도 관찰할 수 있고, 그냥 눈으로 보는 것과는 완전히 다른 밤하늘을 볼 수 있다. 실제로 공연 후에 쌍안경으로 밤하늘을 본 젊은 여성들에게 '쌍안경으로 이렇게 깨끗하게 별이 보일 줄을 몰랐다'라며 좋은 반응을 얻었다.

빅센은 이 반응에 힘입어 여성용 쌍안경을 개발했다. 작고 가벼우며, 5가지 다양한 색 중에서 선택할 수 있는 '소라 걸 시리즈' 쌍안경이다. 이 제품은 경이적인 매출을 기록했다.

'밤하늘을 본다'라는 감동적인 체험을 제공하면, 따로 영업하지 않아도 자연스럽게 물건이 갖고 싶어지는 것이다.

이렇게 해서, 빅센은 우주 망원경을 만드는 회사에서 별을 보여주는 회사로 변신했다.

POINT

스토리기술
미래가 없다고 생각되던 시장은, 단 몇 년 만에 보물이 묻혀 있는 시장으로 변할 수 있다. 상품과 서비스로 고객에게 '체험'을 제공해보자. 스토리가 생기고 결과적으로 상품도 팔릴 수 있다.

아무나 볼 수 없는 것에
끌린다

가나가와현에 있는 신에노시마 수족관은 매년 어린이를 대상으로 '나이트 투어'를 실시하고 있다. 이벤트는 평소에 볼 수 없는 밤의 수족관을 체험할 수 있어 인기가 많다. 평소에는 볼 수 없었던 부분을 체험하면 셀렘과 함께 내가 특별해진 것 같은 느낌을 받는다.

이것은 다른 업종에도 응용할 수 있다.

음식점이라면 주방이나 창고, 제조업이라면 공장이나 제작 현장을 고객들에게 보여주는 건 어떨까? 고객은 평소에 볼 수 없었던 부분을 통해 그 회사가 상품이나 서비스에 어떤 철학을 갖고 있으며 얼마나 노력하는지 알게 되고, 그 회사나 가게의 팬이 되어줄 것이다. 예를 들어, 대형 햄버거 체인점인 맥도날드에서는 어린이들에게 주방을 보여주는 투어 '맥 어드벤처'를 오랫동안 계속하고 있다.

손님들이 있는 낮에 하기가 어렵다면, 에노시마 수족관처럼 밤 시간대에 실시해도 괜찮다. 예를 들어, 백화점이나 서점 등에서 밤의 탐험대를 모집해보면 어떨까? 이런 체험을 하면, 특별한 존재가 된 듯한 고객이 더 많은 물건을 사지 않을까?

평범한 사무실에서도 조금만 아이디어를 내면 특별한 체험을 제공할 수 있다. 고객에게 보여줄 수 없다면, 직원 자녀를 대상으로 회사를 견학하는 체험을 실시해본다. 엄마, 아빠가 어떤 곳에서 일하고 있는지 모르는 아이들이 많은데, 자녀들에게 평소에 일하는 장소를 보여주는 것이다. 직장에 있는 아빠, 엄마가 멋있게 보일 수 있도록 약간의 설정까지 짜놓으면 직원들의 사기도 올라가고, 여러 가지 스토리가 생길 수 있다.

POINT

스토리기술
체험을 제공하는 다른 방법은 백 스테이지(무대 뒤편)를 보여주는 것이다. 홈페이지, 블로그 등에 상품개발 과정에서 있었던 이야기, 업계의 이면 등을 보여주는 것도 스토리가 된다.

체험을
꼭 실제로 할 필요는 없다

가상 체험을 파는 법

2020년 봄, 코로나19가 유행하면서 다양한 업종의 회사가 위기를 겪었다. 이런 어려운 상황 속에서도 스토리를 만들어낸 회사가 있다.

'고토히라 버스'는 버스 투어가 모두 중단되는 위기를 겪었지만, 온라인 투어로 전환해 전국에서 고객을 모을 수 있었다. '온라인 버스 투어'는 고객이 자신의 집에서 화상회의 프로그램을 활용해 관광 명소를 즐기는 것으로, 새로운 형태의 여행이다.

온라인 투어를 신청하면, 시작하기 전에 여행안내서와 여행지 특산품이 택배로 배송된다. 투어 당일, 참가자는 집에서 온라인 가상 버스를 타고 승무원의 안내를 받으며, 자기소개와 퀴즈 게임 등을 하면서 목적지까지 가는 길을 즐긴다.

가상 버스가 목적지에 도착하면 관광 명소를 둘러보며(동영상 시청) 특산품을 먹고, 전통 행사 같은 이벤트를 견학한다. 물론 실제가 아니라 동영상으로 둘러보는 것이다. 현지에 있는 가이드와 실시간으로 대화하기도 한다. 투어를 마친 후에는 온라인 선물 가게에서 추천 식품을 구매할 수 있다.

온라인 버스 투어를 기획한 이유는 두 가지였다. 고객들과 연결 고리를 유지하고 싶었고, 코로나로 생계가 힘들어진 현지 사업자와 가이드를 돕기 위해서였다.

처음에는 부정적인 의견이 많았다. 하지만 미디어에 소개되면서 화제가 되었고, 생각보다 생생한 체험을 할 수 있다는 점에서 참가자들의 만족도가 높았다. 버스 투어 참가자는 전국에서 모였고, 온라인 해외 투어도 인기리에 마감되었다.

POINT

스토리기술
고객에게 가상의 체험을 파는 것은 여행 업계에서만 할 수 있는 일은 아니다. 여러 업종에서 응용할 수 있다.

꼭 기억하기
고객에게 제공할 만한 온라인이나 가상 공간의 체험을 생각해보자.

물건이 아니라
경험을 팔아라

체험을 상품으로 만드는 기술

소 익스퍼리엔스SOW EXPERIENCE는 체험을 다루는 회사다. 결혼, 출산, 입학, 생일, 크리스마스 등 특별한 날의 축하 선물로 물건이 아니라 체험을 보낼 수 있다.

체험 장르는 다양하다. 근사한 저녁 식사를 할 수 있는 레스토랑, 마사지를 받을 수 있는 피부관리숍, 온천, 스포츠, 아웃도어 액티비티부터 가사 대행, 유전자 검사, 건강검진, 농업 체험, 비행 시뮬레이션까지, 다양한 상품이 카탈로그에 실려 있다.

일부러 돈을 주고 사진 않지만 누군가에게 선물로 받으면 기쁜 것들이다. 나도 이 카탈로그를 통해 비행기를 가상으로 조종하는 비행 시뮬레이션 체험을 선물 받은 적이 있다. 이런 기회가 아니라면 일부러 가지는 않았겠지만 좋은 기억으로 남아 있다.

한편, 직업 체험을 판매하는 회사도 있다.

'직업 여행사'는 다양한 직업 체험을 판매한다. 짧으면 1시간, 길면 며칠 동안 이어지는 직업 체험이 주요 상품이다. 평소에는 관계자만 들어갈 수 있는 '관계자 외 출입 금지 구역'도 여행하는 느낌으로 들어갈 수 있다. 평소 하는 일과는 다른 직업을 체험하면서 자신을 돌아보거나 동기부여도 할 수 있다. 또한, 새로운 관점을 얻을 수도 있다. 직업 여행사에서는 다음과 같은 상품을 팔고 있다(2023년 기준).

두 채의 집에서 글을 쓰는 작가가 되는 여행(1일), 작은 도서관의 관장이 되는 여행(5시간), 지압사가 되는 여행(5시간 반), 작사가가 되는 여행(2시간 반), 야채 키우는 농부가 되는 여행(6시간), 치과 기공사가 되는 여행(7시간) 등

POINT

꼭 기억하기
무언가 팔 수 있는 체험은 없는지, 우리 회사나 가게의 일을 체험해보고 싶다는 사람은 없을지 한번 생각해보자.

아무도 가지 않는 곳에
길이 있다

 # 영업시간 변경하기

대만 최대 서점 체인점 '성품서점誠品書店'은 책뿐만 아니라 다양한 생활용품 및 호텔, 아파트 분야로도 사업을 확장한 대기업이다.

성품서점은 1989년에 건축 및 예술 전문 서점으로 문을 열었지만, 매장을 늘리며 점유율을 높이는 동안 크게 반응이 없었다.

그러다가 1999년 3월, 상황을 바꿀 사건이 생긴다. 지점 하나를 전면 리뉴얼하면서 영업시간을 '24시간'으로 전환한 것이다.

'도심 속에서 24시간 영업하는 서점'이라는 콘셉트는 대만의 젊은 사람들 사이에서 큰 인기를 끌었다. 심야 데이트 명소로 떠올랐고, 문화적 랜드마크가 되었다.

영업시간을 변경하는 전략은 B2B에도 효과를 발휘한다.

오래된 다다미 제조회사 TTN 코퍼레이션은 다다미를 찾는 사람이 줄어들면서 매출이 떨어지고 있었다. 위기를 극복하기 위해 영업시간을 24시간으로 변경했고, 심야에도 다다미를 받아서 아침까지 수선을 끝내는 서비스를 시작했다. 이 '24시간 영업 전략'은 제대로 통해서 매출이 몇 배로 뛰었다.

특히, 손상된 다다미를 수선하고 싶지만, 그것 때문에 가게 영업을 쉬고 싶지 않다는 식당들의 수요가 많았다.

반대로, 영업시간이 짧아서 효과를 본 곳도 있다.

주택가에 있는 식빵 전문점 '토시'는 한 달에 2번, 토요일 아침에만 문을 연다. 하지만 오픈 시간인 아침 9시가 되기 전부터 식빵을 사기 위한 줄이 생기고, 2시간 만에 100개의 식빵이 완판될 정도로 인기가 좋다.

근처 지역 주민뿐만 아니라, 거리가 먼 지역에서까지 손님들이 찾아온다. 프리미엄 식빵은 일반 식빵보다 비싸지만 잘 팔린다.

그만큼 재료 하나하나에 사장님의 정성과 고집이 들어가 있다.

달걀 하나를 살 때도 직접 양계장을 찾아갈 정도다. 일주일에 6일은 재료를 사고 준비해야 하기 때문에 한 달에 2번밖에 영업할 수 없다고 한다.

이곳이 매일 영업을 하는 곳이었다면 이 정도로 인기를 끌진 않았을 것이다.

P O I N T

스토리기술
일반적으로 운영하지 않는 시간대나 계절에 가게를 운영했을 때는 어떤 스토리가 생길까?

꼭 기억하기
상식이라고 생각하는 영업시간을 의심해보자.

빠른 것이
항상 좋을까?

....

제공하는 속도 바꾸는 법

....

1960년, 미국 미시간주의 대학가에 작은 피자 가게가 문을 열었다. 규모도 작고, 후발주자였던 이곳은 과감한 콘셉트로 승부를 걸었다.

'따끈따끈한 피자를 30분 내로 배달해드립니다. 만약 30분을 넘기면 50% 할인해드려요!'

이 피자 가게는 훗날 미국 전역에 진출하고, 전 세계 95개 국에 약 2만 개의 매장을 연 '도미노 피자'다. 당시에는 분명 도미노 피자보다 맛있는 피자 가게도 있었을 것이다. 다른 피자 가게들이 '화덕에서 구운 피자', '최고급 재료' 같은 문구를 내세우며 맛으로 승부를 보려고 할 때, 도미노 피자는 '30분 내 피자 배달, 30분 넘기면 반값 할인', 즉 고객에게 피자를 배달하기까지의 시간을 보장하면서 엄청나게 팔렸다.

보통은 속도가 빨라야 가치가 올라간다고 생각한다. 하지만 반대로 '서두르지 않는 속도'의 서비스로 인기를 끈 곳도 있다.

요코하마시의 택시회사 '미와 교통'은 '터틀 택시' 서비스로 매출을 크게 올렸다. 이름에 '거북이(터틀)'가 들어간 것처럼 터틀 택시는 천천히 달리는 택시다. 물론 법정 속도보다 천천히 달리지는 않는다. 뒷좌석에 있는 '천천히 버튼'을 누르면 택시기사가 평소보다 조심스럽게, 천천히 운전해주는 서비스다.

택시는 일반적으로 바쁜 고객이 탈 것 같지만, 어느 날 "좀 천천히 달려주세요"라고 요청한 고객이 있었다. 그 이후 택시회사에서 고객 100명에게 설문조사를 해보니, 80%의 손님이 "천천히 달렸으면 좋겠다"라고 응답했다. 그래서 손님이 요청하면 천천히 달리는 '터틀 택시'를 도입하게 된 것이다. 그 결과, 이 회사의 택시를 지명하는 고객 수가 15% 늘었다.

POINT

꼭 기억하기
고객에게 상품을 제공하는 속도를 '느리거나 빠르게' 해보자.

제품 이름에
시간을 넣어보라

시간으로 스토리 만드는 법

교토의 산조카이 상점가에 있는 디저트 가게 'Sweets Cafe KYOTO KEIZO'의 간판 메뉴는 '10분 몽블랑'이다. 이름대로 10분 안에 먹어야 가장 맛있게 먹을 수 있는 몽블랑이라고 한다. 바삭바삭한 식감의 머랭 부분이 시간이 지나면서 촉촉한 식감으로 바뀌기 때문에 붙여진 이름이다. 10분이라는 짧은 시간 때문에 '너무나 허무한 몽블랑'으로 SNS에서 화제가 되면서 가게 문을 열기 전부터 긴 줄이 생길 정도로 인기 있다.

그런가 하면, 도쿄에 본사가 있는 오래된 수건회사인 핫맨의 인기 상품은 '1초 타월'이다. 1초 타월은 1cm로 잘라낸 수건 모서리를 물에 띄웠을 때 1초 이내로 가라앉는다. 그만큼 뛰어난 흡수력을 자랑한다. 1초 타월은 일반 수건보다 흡수력이 8배 뛰어나서 머리 말릴 때 드라이 하는 시간을 엄청나게 줄여준다는 것이 세일즈 포인트다. 실제 매장에도 물과 수건 조각이 준비되어 있어서, 정말로 1초 만에 가라앉는지 실험할 수 있다.

반대로, 오랜 시간이 걸리는 것도 홍보에 써먹을 수 있다.

일본 최대 카레 이벤트인 '간다 카레 그랑프리'에서 2번이나 우승을 차지한 가게는 '100시간 카레'다. 가게 이름에서 알 수 있듯이 100시간 동안 카레를 만든다. 메뉴판에는 100시간 카레가 어떻게 완성되는지 과정도 나와 있다. 최고 등급의 소고기를 쓰고, 20종류 이상의 향신료, 9종의 채소와 과일을 사용한다. 맛은 물론이고, '100시간'이라는 이름이 깊은 인상을 남기면서 단숨에 인기 가게가 될 수 있었다.

POINT

스토리기술
상품명과 시간을 합쳐 새로운 상품명을 만들면 스토리가 생긴다. 제품명이 사람의 감정을 건드릴 수도 있다.

어디를 가도 있는
평범한 상품이라면?

제공 방법 바꾸는 법

히로시마시 번화가에 있는 맥주 가게 '비루 스탠드 시계토미'는 상품을 제공하는 방식을 바꿔서 독보적인 가게가 되었다.

이곳은 오후 5시부터 7시까지, 딱 2시간만 문을 연다. 메뉴는 맥주뿐이고, 안주도 없다. 좌석도 없고, 한 사람당 맥주는 2잔까지만 주문할 수 있다. 예약도 받지 않는다.

이토록 이용 규칙이 엄격한데도, 문을 열기 전부터 길게 줄을 서고 손님이 끊이지 않는다. 30분 대기는 당연하다. 근처 주민뿐 아니라 일본 전역에서 사람들이 찾아온다. 그렇다고 딱히 맥주가 특별한 것도 아니다. 어디서나 팔고 있는 대기업의 생맥주다.

그럼, 무엇이 다른 가게와 다를까?

바로, '맥주를 따르는 방식'이 차별점이다.

메뉴는 1번 따르기, 2번 따르기, 3번 따르기, 부드러운 맛, 날카로운 맛, 이렇게 총 5가지가 있다. 맥주는 따르는 방식에 따라 맛이 크게 바뀌기 때문에, 손님들은 그것을 체험하고 맛보기 위해 오는 것이다. 예전에는 부드러운 거품이 나오는 서버와 탄력 있는 거품이 나오는 서버 중에서 선택하는 메뉴도 있었다. 참고로, 메뉴에 있는 맥주를 마신 후에만 주문할 수 있는 비밀 메뉴도 4가지 있다.

원래 이 가게는 한 주류가게의 한쪽 구석에 있었다. 창업자의 본업은 근처 식당에 술을 도매로 납품하는 일이었다. 짧게만 영업하고 안주를 팔지 않은 것은, 거래처 식당 영업에 방해가 되지 않도록 하기 위해서다. 여기서는 한두 잔만 마시고 거래처 식당에 가서 음식을 즐겼으면 한 것이다. 지역 식당가까지 배려한 진실한 스토리가 있었다.

POINT

꼭 기억하기
비슷한 상품이 다른 곳에도 있다면, 제공하는 방식을 바꿔보자.

상품 대신
사람을 팔아라

일하는 모습으로 스토리 만드는 법

우키시마 지구는 호수 위에 있는 섬으로, 그 일대는 일본 제일의 연근 산지로 알려져 있다. 여기서 주목받고 있는 회사가 바로 '연근 삼형제'다. 실제로 연근 농가에서 태어난 삼형제가 창업한 회사다. 세 사람은 중학교 교사, 공장 근무 등 다른 직업을 갖고 있었다.

어느 날 "우리 세 사람이 힘을 합치면 뭔가 해낼 수 있지 않겠냐"라며 가업인 연근 농사를 하기로 했다. 이후 삼형제는 부모님 밑에서 연수를 받았다. 그리고 2010년, 부모님은 벼농사, 삼형제는 연근 재배를 중심으로 하는 법인회사를 세웠다.

법인회사를 세운 이유는 농사일을 하고 싶어 하는 청년들에게 일자리를 제공하고 싶었기 때문이다. 그래서 농사일을 해본 적 없는 직원도 여러 명 고용했다.

연근은 시장과 직판장에서도 판매하고, 도쿄의 레스토랑뿐만 아니라 먼 지역의 레스토랑과도 직거래하고 있다.

연근의 품질과 맛이 좋은 것은 물론이고, 진짜 인기의 비밀은 '연근 삼형제의 홈페이지'에 있다. 홈페이지에는 삼형제 및 직원들이 작업하는 사진과 동영상이 올라가 있다. 심지어 콘텐츠의 질도 좋다. 연근을 가꾸고 수확하는 것은 힘든 일이다. 추운 날 허리보다 높은 늪지대에 직접 사람이 들어가 손으로 하나하나 진흙 속에 가라앉아 있는 연근을 수확해야 한다.

이 과정을 사진이나 동영상으로 보면 얼마나 힘든지 알 수 있다. 그래서 고객들은 "이왕 살 거라면 '연근 삼형제'의 연근을 사야겠다"라고 생각하게 된다.

연근 삼형제가 진짜 팔고 있는 것은 연근이 아니라 연근을 수확하는 사람, 연근을 수확하는 모습이다.

POINT

스토리기술
작업하는 모습은 농사일에만 한정된 이야기가 아니다. 건설 등의 현장, 공장, 요리, 판매 등도 마찬가지다.

가게를
학교로 만들어라

....

고객에게 강의 제공하는 법

....

도시 외곽에 위치한 레스토랑에서 주부를 대상으로 한 요리 교실로 잘되는 경우가 있다. 이처럼 우리 가게나 회사를 무언가 가르쳐주는 '학교'로 만들 수 있다.

- 생선 가게 : 맛있는 생선 구별법, 생선살 바르는 법

- 커피숍 : 맛있게 커피 내리는 법

- 서점 : 책 읽는 즐거움을 알려주는 모임

- 수선 가게 : 옷으로 가방 등 소품 만드는 법

- 법무사 사무실 : 생활 속 법률 강의

실제로 니가타의 한 상점가를 학교로 만들려고 시도한 사례가 있었다. 당시 우치노역 앞에 있던 '쓰루하시 북스'가 주체가 되어 지역 대학생과 함께 실시한 '우리 마을의 친근한 가게 이야기'라는 프로젝트를 실행했다.

정미소, 미용실, 된장 가게, 카페, 자전거 가게, 커피숍, 해산물 가게 등 다양한 가게가 참가했다. 정미소에서는 '쌀을 먹고 쌀의 산지를 알아보는 강의', 미용실에서는 '두피에 좋은 마사지 하는 법 강의', 자전거 가게에서는 '30년 탈 수 있는 자전거 수리법 강의' 등이 열렸다.

가게 주인들이 오랜 경험으로 알아낸 유용한 정보에 재미있는 에피소드를 곁들여 고객에게 제공했다.

가게 주인들의 이야기를 듣고 나면 그 가게에서 다루는 상품이 얼마나 좋은지, 가게 주인들이 진지하게 일하고 있다는 것을 눈앞에서 실감할 수 있다. 즉, 그 가게의 스토리를 알 수 있어서 고객이 될 가능성이 높다.

POINT

스토리기술
스토리를 알면 그 회사를 좋아하고 존경하게 된다. 그러면 이 회사에서 만든 물건을 사고 싶다는 마음이 든다.

기꺼이
노하우를 '나눔'하라

앞에서는 가게나 회사를 학교로 만드는 일이 일반 고객을 대상으로 했다. 여기에 전문성을 높여 창업을 지원하거나 사업을 도와주는 강의를 열어도 스토리가 생긴다.

오카야마현에 있는 오카야마 공방은 매일 먹어도 질리지 않는 진짜 빵을 만들겠다는 목표를 가지고 있다. 그래서 국산 밀가루만 사용하고 합성 첨가물은 쓰지 않는 빵 가게로 유명하다.

매일 빵을 사려는 사람들로 북적이는 인기 가게지만, 수익의 30% 이상은 빵 가게를 창업하려는 사람을 위한 '리에종 프로젝트'에서 나온다. 오랜 경험과 감각이 필요한 제빵 기술을 초보자도 할 수 있도록 완전 매뉴얼화한 것이 특징이다.

보통 빵집을 열려면 짧아도 몇 개월, 길게는 몇 년 동안 수련해야 한다. 하지만 개성 있는 소규모 베이커리 창업을 도와주는 '리에종 프로젝트'는 초보자라도 단 5일만 교육 받으면 국산 밀가루를 100% 사용한 무첨가 단팥빵, 메론빵, 크루아상 등 20종류의 빵을 만들 수 있다. 또한, 원하면 창업까지 도와주고, 창업 후에도 조언을 아끼지 않는다.

이 프로젝트를 통해 국내외에 300여 매장을 오픈했고, 다들 지금까지 잘 운영하고 있다. 게다가, 프랜차이즈가 아니라서 가게 이름, 영업시간, 유니폼 등에 대한 규제가 없고 자율적이다. 창업하는 사람이 자유롭게 운영할 수 있다는 것도 장점이다. 창업하려면 오랜 경험이 필요한 것으로 알려진 제빵 업계에서는 그야말로 획기적인 시스템이다.

이것은 소매업뿐 아니라 BtoB 기업에도 응용할 수 있다.

예를 들어, 광고회사라면 '낭비 없는 광고 제작 발주법', 인쇄소라면 '효과적인 광고지 만드는 법' 등 특정 테마로 강의를 열어 고객을 회사로 초대하면 어떨까?

반드시 당신이 전문 분야를 가르치지 않아도 상관없다. 전문 강사를 불러도 좋고, 거래처 직원이나 고객을 강의로 초대하는 방법도 있다. 우리 회사의 도움을 받아 성공한 고객을 강사로 부르는 것이다. 잘만 되면 고객도 가르치면서 얻는 것이 있을 것이고, 서로 좋은 관계를 유지할 수 있다.

POINT

꼭 기억하기
회사가 가진 노하우로 창업을 지원하거나 도움을 주자.

사람들이 모이는 장소를 제공하라

커뮤니티 만드는 법

　도쿄에 있는 시바타야 주류가게는 1940년대부터 지금까지 운영되고 있다. 이 가게는 직접 만든 커뮤니티가 주목을 받아 성장한 곳이다.

　창업자의 손자인 3대 사장 시바 야스히로 씨는 1990년대 후반에 회사를 물려받았는데, 당시는 대형 주류 할인점이 등장해 동네 주류가게가 어려웠던 시기다. 시바 씨는 이런 상황에서 지금까지 했던 것처럼 일반 소비자를 대상으로 해서는 대기업과의 경쟁에서 이길 수 없다고 생각했다. 그래서 일반 고객이 아니라 음식점을 대상으로 영업하기로 했다.

하지만 영업 방침을 바꿨다고 해서 곧바로 매출이 오르진 않았다. 그래서 주류가게가 단골 거래처인 음식점에 무엇을 제공할 수 있을지를 고민했다.

거래처를 돌면서 설문조사를 해보니, 가게들은 다른 가게의 정보를 알고 싶어 했다. 본인 가게를 운영하느라 바빠서 다른 가게를 보러 갈 시간이 없다는 것이 이유였다.

그래서, 2003년부터 단골 거래처를 위해 두 가지를 실시했다.

첫 번째로, '고다와리 통신'이라는 월간 신문을 발행했다. 여러 음식점의 메뉴, 서비스 등을 신문처럼 만든 것이다.

두 번째로, '대박집 스터디'라는 커뮤니티를 만들었다. 손님이 끊이지 않는 대박 가게를 소개하고, 전문 강사를 초대해 함께 공부하거나, 신상품 시식회 등을 만든 것이다.

'대박집 스터디'는 단골 거래처 사이에서 크게 호평을 받았고 점점 참가자도 늘었다. 규모가 커지자 운영이 힘들어졌다. 그래서 같이 운영할 동료를 모아 민간 차원에서 조직한 '대박집으로 가는 길'이라는 법인을 세웠다.

'대박집으로 가는 길'은 현재 일본 각지에 지부를 두고 음식점 접객 콘테스트, 일본 제일의 서버를 정하는 'S1 서버 그랑프리' 등 이벤트를 열며 호응을 얻고 있다.

이런 큰 커뮤니티의 중심에 있는 시바타야 주류가게는 전국의 음식점이 주목하는 특별한 존재가 되었다. 현재는 해외까지 사업을 확장해 힘쓰는 등 더욱 크게 발전하고 있다.

POINT

꼭 기억하기
길게 가는 사업을 하려면 사람이 모이는 커뮤니티를 제공해보자.

'즐거움'을 주는 곳에
사람이 모인다

소통의 즐거움

식물과 원예 용품을 판매하는 온라인 쇼핑몰 '꽃광장 온라인'은 '레몬부'라는 커뮤니티를 만들어 함께 식물을 기르는 즐거움을 파는 것으로 유명하다.

레몬부는 해당 쇼핑몰에서 레몬나무를 산 사람만 참가할 수 있는 커뮤니티다. 각자 집에서 레몬나무를 기르고 사진을 찍어 공유하는데, 서로 모르는 사람들이 레몬나무 키우는 체험을 나누며 교류한다. 쇼핑몰 사장도 참가해서 레몬나무를 키울 때 주의할 점이나 키우는 법에 관해 조언해준다.

이 커뮤니티 덕분에 '꽃광장 온라인'의 매출은 몇 배로 늘어났다. 레몬부의 매출만 생각하면 기껏해야 레몬나무 묘목이 수십 개 팔린 것뿐이다. 그런데 왜 매출이 늘었을까?

커뮤니티의 회원들이 다른 상품을 사기도 하고, 회원이 아닌 사람의 커뮤니티 활동을 지켜보기도 하고, 미디어에 소개되면서 스토리가 생겼기 때문이다.

가게 주인인 다카이 스스무 씨는 레몬부를 시작한 이유에 대해 "손님과 팀을 이뤄서 뭔가 해보고 싶었어요. 고객의 이야기를 공유하고 싶었죠"라고 말했다.

커뮤니티를 만들고 운영까지 성공한 스토리를 보면 공통점이 있다. 커뮤니티에 참여해서 즐거움을 얻을 뿐만 아니라, 도움이 되고, 다른 사람에게 인정도 받는다는 점이다.

사람은 '즐겁다'라고 생각한 곳에 알아서 모이게 되어 있다.

POINT

스토리기술

회사나 가게에 커뮤니티를 만들려고 한다면 '고객을 끌어들이겠다'라는 생각은 버려라. 대신 참가하는 사람에게 즐거움과 이득을 주는 것에 철저하게 집중하라. 그다음에 손님끼리 연결하라. 그러면 자연스럽게 회사나 상품이 사람과 사람을 연결하는 역할을 하게 되고, 특별히 무언가를 하지 않아도 커뮤니티가 회사, 상품을 지지해줄 것이다.

고객이 스스로
비교하게 하라

미각이든 촉각이든 비교해봐야 알 수 있는 것이 있다. 아무리 재료를 신중하게 선택해서 특별하게 요리해도 그 요리만 먹으면 차이를 모르는 경우가 많다.

닭구이 전문 가게를 예로 들어보자.

영양소가 풍부한 재료를 넣은 사료로 키운 닭
vs 보통의 사료로 키운 닭
특별한 숯으로 정성을 다해 구운 닭구이
vs 일반 가스레인지로 구운 닭구이

어떤가? 이렇게 비교해보면 고객은 '정말 다르구나' 하고 진심으로 이해하게 된다. 또한, 좋은 닭으로 만든 요리를 먹을 수 있는 가게라고 입소문이 퍼지기 쉽다는 장점도 있다.

어느 회전 초밥 체인점은 테이블에 항상 5종류의 간장을 놓아두는 것이 세일즈 포인트다. 손님은 초밥에 따라 어울리는 간장을 비교하고 맛볼 수 있어 이득을 보는 기분이 든다. 더 좋은 생선을 써서 초밥을 만들어 차별화하는 것보다, 비교적 돈이 들지 않는 요소로 손님에게 선택할 수 있도록 준비하는 것은 좋은 아이디어다.

B2B를 할 때도 마찬가지다. 거래 상담 등을 할 때도, 우리 회사 제품 외에도 비교 대상이 되는 다른 회사의 제품도 가지고 가서 고객이 비교하게 해보자.

인간에게는 여러 가지를 시도해보고 싶은 욕구가 있다. 화장품을 파는 온라인 쇼핑몰 등에서 자주 하는 '무료 샘플 증정 기술'을 요식업, 서비스업에 응용해보자.

레스토랑이라면 다른 레스토랑에서도 기본으로 제공하는 빵 대신에 그 레스토랑의 대표 메뉴를 샘플로 만들어 제공하면 어떨까? 결과적으로 객단가가 높아질 수 있다.

주류를 판매하는 곳이라면 다양한 브랜드의 술을 한 모금씩 마실 수 있는 테이스팅 세트를 제공하는 것도 좋은 방법이다.

호텔 같은 숙박업이라면 비어 있는 방을 이용해 10분이라도 좋으니 예약한 방보다 더 좋은 방을 체험할 수 있는 서비스를 제공하는 건 어떨까? 다음에는 서비스로 체험한 방에 묵고 싶어서 다시 찾을 가능성이 생긴다.

POINT

스토리기술
고급 재료, 특별한 요리법이 무기인 레스토랑이라면 평범한 재료를 사용한 요리를 시식하게 하면 스토리가 생긴다.

꼭 기억하기
고객에게 비교하게 하고, 여러 가지를 시도해볼 수 있는 서비스를 제공해보자.

평범한 것에
'재미'를 더하라

게임 요소 추가하는 법

효고현에 있는 니시키 휴게소는 여름 한정으로 '뽑기 밥'이라는 서비스를 한다. '뽑기 밥'이란 뽑기 기계를 돌려서 나온 캡슐 토이로 고객이 먹을 메뉴를 정하는 것이다. 뽑기 한 번에 500엔이고, 메뉴는 우동과 세트 메뉴를 포함해 20가지다. '뽑기 밥'에 참여한 손님은 어떤 메뉴가 나올지 요리를 받을 때까지는 알 수 없다.

하지만 '뽑기 밥'으로 맛볼 수 있는 메뉴 중 가장 저렴한 메뉴도 600엔 이상이기 때문에 손님은 손해를 보지 않는다. 가장 비싼 메뉴는 2,100엔짜리 소고기 정식 세트로, 나올 확률이 3%라고 한다.

원래 이 기획은 여름 휴가철에 사람들이 모여 혼잡해지는 문제를 대비하기 위한 회의에서 나왔다. 키오스크 앞에서 메뉴를 고민하는 손님이 많다는 문제를 논의하던 중에 한 사원이 "사실 점심은 어떤 걸 먹어도 상관없긴 하죠"라고 말한 것이 계기였다.

생각해보면, 반드시 먹고 싶은 메뉴가 있어서 고속도로 휴게소에 들르는 사람은 많지 않다.

메뉴를 정하지 않은 고객이나 어떤 것을 먹든 상관없는 손님에게 뽑기를 통해 메뉴를 정해준다면? 손님은 메뉴를 골라야 하는 수고를 덜고, 가게 회전율도 올라갈 것이다. 게다가 비싼 메뉴가 나올지도 모른다고 생각하면, 여름휴가를 떠나는 가족에게 즐거움을 줄 수도 있다.

'뽑기 밥'을 도입한 후로 회전율이 올라간 것은 물론이고, SNS에서 큰 화제가 되어 이것을 경험하기 위해 휴게소에 들르는 사람이 많아졌다. 물론, 매출도 높아졌다.

POINT

스토리기술
요즘에는 일상생활에서 여러 가지 정해야 할 것들이 많아서 사람들이 지쳐 있다. 알아서 살 상품을 정해주면 편하고, '1등 상 당첨 확률'이라는 게임 요소 때문에 신이 날 것이다.

꼭 기억하기
그냥 제품을 선택하는 것보다 게임 요소를 추가해서 선택하게 해보자.

오래된 상품을
살리는 법

상품에 세계관 더하는 법

후쿠시마현에 있는 170년 전통의 화과자점 아이즈 나가토야는 양갱에 오락적 요소를 더해 큰 인기를 얻었다.

그 가게에는 'Fly Me to The Moon 양갱 판타지아'라는 양갱이 있는데, 보통의 양갱과 다르다. '자를 때마다 그림과 맛이 조금씩 달라지는 양갱'으로 그림에는 스토리가 담겨 있다.

긴 사다리꼴 모양으로, 위아래는 팥맛 젤리, 중간에는 샴페인 맛 젤리가 있다. 중간의 투명한 젤리에는 달과 새가 있어 하늘을 연상케 한다. 어떻게 자르는지에 따라 노을 진 저녁 하늘로, 달은 초승달에서 보름달로, 새는 달을 향해 날아가는 모습으로 그림이 변한다. 이렇게 움직이는 한 장면을 볼 수 있게 만든 것이 특징이다. 자르는 부분에 따라 풍경뿐 아니라 맛도 변한다.

양갱을 먹는 사람은 자르다 보니 사진이 찍고 싶어지고, 이것을 SNS에 올려 자랑하고 싶어진다. 이렇게 특이한 양갱에 대해 이야기하고 싶고, 이것을 본 다른 사람은 게시물을 공유하다가 이 양갱을 직접 먹어보고 싶어진다.

나가토야 양갱은 먹는 사람에게 보는 즐거움과 먹는 즐거움을 주고, 이로 인해 다른 사람도 이 상품을 갖고 싶게 만드는 것이다.

실제로 이 양갱 사진이 X에 올라오자 '아름답다', '귀엽다', '예술이다' 같은 댓글이 달리며 사람들 사이에 퍼졌다. 덕분에 주문이 밀렸고, 생산량이 주문량을 쫓아가지 못하는 상황도 벌어졌다. 양갱이 이토록 큰 인기를 끈 것은 처음이었다.

양갱 판타지아는 '전통 화과자에 새로운 장면을 연출한다'라는 콘셉트의 화과자 시리즈를 연구하면서 1년에 걸쳐 개발한 상품이었다. 먹는 사람이 귀찮다고 생각할 수도 있는 양갱 자르기를 즐겁게 만들고, 이것으로 사람과 사람 사이에 소통하는 계기가 되길 바라는 마음에서 개발했다고 한다.

니가타현에 있는 한 오래된 화과자점 역시 '설탕 마법'이라는 가상의 그림책 세계관을 만들어서 인기를 끌었다. 그림책 세계관에 등장하는 상품을 판매하는 설정이다.

상품은 '먹을 수 있는 크레용', '엿으로 만든 유리구슬' 같은 과자로, 그림책 모양이나 크레용 박스에 담아 즐거움을 더했다. 특히, 반짝반짝 빛나는 호박엿으로 만든 블록 모양의 과자는 특유의 귀여운 모양으로 30분 만에 100상자 이상 팔린 적도 있다.

POINT

스토리기술
인스타그램에 올리기 좋은 디저트를 떠올리면 컬러풀한 파르페나 팬케이크가 떠오를 것이다. 하지만 수수하게 보이는 상품에 세계관을 더하면 스토리가 생긴다.

꼭 기억하기
판매하는 상품에 세계관을 만들어보자.

사람은
시각적인 것에 약하다

상품의 연출법 바꾸기

일명 '댐 카레'라는 음식이 있다.

이름처럼 강물을 막는 댐을 형상화한 카레라이스로, 음식을 그릇에 담는 방법부터 다르다. 밥은 댐의 방파제처럼 보이게 세로로 쌓고, 밥 뒤로 카레를 담아 호수처럼 보이게 그릇에 담는다.

유명 댐 주변에 있는 식당에서 10년 전부터 팔기 시작해 이제는 인기 메뉴가 되었다.

현지의 댐과 비슷한 모습으로 밥과 카레를 담아 연출하고, 다른 식재료를 이용해 댐 주변 풍경을 재현한 카레도 있다. 같이 곁들여 나온 소시지를 들어 올리면 카레가 강물처럼 흘러나와 밥을

덮는 형태가 된다.

관광객들은 재미있어 하면서 댐 카레를 먹는다. 이 메뉴의 인기는 카레의 맛과는 상관없다. 그저 '그릇에 카레를 댐 모양으로 담는다'라는 재미가 더해져 새로운 가치를 만들어낸 것이다.

교토의 한 수족관에는 물고기만큼이나 인기 있는 '수족관 빵'이 있다. 물에 사는 생물의 모양을 형상화한 빵으로, 거북이, 펭귄, 비단장어, 개구리, 물범 등 여러 종류다. 특히 어린아이들에게 인기가 많고, 모든 종류의 '수족관 빵'을 먹어보고 싶어서 여러 번 찾는 가족도 있다. 이 상품도 평범한 빵 모양을 바다 생물의 형태로 바꿔 재미를 더한 사례다.

POINT

스토리기술
어떤 모양이든 상관없다. 그릇에 담는 방식 등 익숙한 모습을 바꿔보자.
고객이 '재밌다', '귀엽다' 같은 반응을 하면 감정적인 가치가 더해진다.
상품은 평범하지만 연출법을 바꾸면 스토리가 생긴다.

꼭 기억하기
상품에 오락 요소를 더하라.

좋은 이름은
판매의 지렛대다

팔리는 이름 짓는 법

농수산물을 주로 판매하는 쇼핑몰 오이식스의 채소와 과일 상품은 재미있는 이름이 특징이다. '복숭아 순무' 외에도 새로운 이름을 붙인 상품이 더 있다.

'토로나스'라는 상품이 있는데, 토로케루(녹는다)와 나스(가지)가 합쳐진 것이다. 녹색 빛을 띠어 처음에는 '녹색 가지'라고 판매했지만 잘 팔리지 않았다. 그런데 이 상품을 꾸준히 사는 고객이 있어서 이유를 물어봤다.

"이 가지를 오븐에 구우면 입 속에서 사르르 녹아요."

고객의 말에 힌트를 얻어, 이 가지만이 가진 식감의 특징을 살려 '사르르 녹는 가지'라는 뜻으로 '토로나스'라는 이름을 붙였다. 그랬더니 히트 상품이 되었다. 이 외에도 '천공의 양배추', '만월 감자', '황금 복숭아' 등 한 번쯤 먹어보고 싶은 상품이 많다.

이름을 다르게 지어 인식을 바꾼 사례도 있다.

일반적으로 생선은 자연산이 고급이고, 양식은 가치가 떨어진다고 생각한다. 하지만 최근에는 양식 물고기가 브랜드화되는 경우가 많아졌다. 이런 경우에는 어떤 이름인지가 굉장히 중요하다.

'긴다이 참치'는 양식 물고기를 브랜드화한 것으로 유명하다. 긴키대학 수산연구소가 약 30년에 걸쳐 개발한 양식 참치로, 참치 이름에 대학 이름이 들어간 이후 양식 물고기에 대한 이미지가 크게 바뀌었다.

또한, '양갓집 규수 고등어'라는 이름도 인상적이다. 돗토리현에서 나는 양식 고등어의 브랜드 이름인데, 정식 이름은 '돗토리 출신의 양갓집 규수 아가씨 고등어'다.

지하 해수를 끌어올려 치어 시절부터 완전히 육상 양식으로 키웠다. 그래서 고등어의 최대 약점인 기생충 걱정 없이 회로 즐길 수 있는 것이 특징이다. 단순한 말장난이 아니라, '치어 시절부터 소중하게 키웠다'라는 스토리가 담긴 이름이다. '돗토리산 양식 고등어'라는 이름이었다면 이 고등어의 가치는 전혀 와닿지 않았을 것이다.

POINT

스토리기술
아무리 이름을 바꿔서 잘 팔렸다고 하더라도, 맛이 없다면 고객이 그 상품을 다시 찾는 일은 없다.

꼭 기억하기
품질도 좋고 맛도 보장하는 상품인데 팔리지 않는다면, 상품의 이름을 바꿔보자.

입는 옷만 바꿔도 새롭게 보인다

상품의 디자인 바꾸는 기술

메이지 제과의 'THE Chocolate'은 예전부터 있던 상품이었지만 잘 팔리는 상품은 아니었다. 2016년, 초콜릿 성분을 재검토하면서 패키지 디자인도 리뉴얼하기로 결정했다.

일반적으로 초콜릿 패키지는 가로형이고, 초콜릿 사진, 상품명, 맛의 특징 등이 크게 그려져 있다. 하지만 새로운 초콜릿 패키지는 일반적 디자인에서 이런 상식을 완전히 벗어났다. 세로형에 카카오 열매의 실루엣과 맛별로 다른 기하학 도형이 반짝반짝 빛나고 있었다.

회사 임원들은 "이런 것이 팔릴 리 없다"면서 반대했다. 하지만, 개발자는 젊은 여성들을 대상으로 한 설문조사 결과를 근거로 "여러분은 우리 초콜릿의 타깃이 아닙니다"라고 말하면서 출시를 밀어붙였다. 이 상품은 대히트를 기록했다.

이런 사례는 또 있다. 오지 네피아(Oji Nepia)의 고급 티슈인 '코셀레브'는 이름과 패키지 디자인을 바꿔서 히트 상품이 되었다. 원래 '네피아 모이스처 티슈'라는 이름으로 출시된 상품이었지만, 발매한 지 8년이 지나도록 시장 점유율이 높아지지 않았다.

그래서 내용물은 그대로 두되, 광고회사에 의뢰해 패키지 디자인과 이름을 바꾸기로 했다. 광고회사에서 제안한 것 중에는 '코셀레브(유명한 코)'라는 이름과 이름에 어울리는 털이 부드러운 흰색 동물의 코 사진을 확대한 디자인이 있었다.

이름이 장난스럽다는 이유로 사원 대부분이 반대했지만, 담당자는 그 안을 강력하게 밀어붙였다. 그리고 그렇게 출시한 상품은 폭발적인 판매량을 기록했다. 매출은 30% 증가했고, 한 자릿수였던 점유율도 금세 20%를 넘었다.

한편, 패키지에 사용된 동물 사진은 처음에 토끼, 물범, 염소 3종류뿐이었다. 그런데 늘 염소 패키지만 재고가 남아서 조사해 보니, '염소의 눈이 무섭다'라는 의견이 있었다. 그 후로 염소만 북극곰으로 바꿨고, 바꾼 이후에는 모든 패키지가 잘 팔리게 되었다.

행운을 싫어하는 사람은
없다

행운의 아이템 이용하는 법

교토에 있는 '야사카 택시'는 택시 지붕에 있는 등과 문에 세 잎클로버가 그려져 있어 '세잎 택시'라는 별명으로 불린다. 총 1,500대가 있는데, 단 4대의 택시에만 네잎클로버가 그려져 있다. 교토에서는 이 네잎 택시를 '행운을 나르는 택시'라고 부르며, 네잎 택시에 타거나 길에서 발견만 해도 행운이 찾아온다는 소문이 퍼져 있다.

원래는 세잎클로버 모양에 낙엽이 붙어 있는 디자인이었는데, "네잎클로버로 보였다"라는 고객의 말에 힌트를 얻어 정말로 네잎클로버 디자인의 택시를 만들었다고 한다.

네잎 택시는 예약을 받지 않아서 만날 확률이 적다는 점이 오히려 희소성을 높였다. 정작 네잎 택시를 타는 사람은 눈치채지 못하는 경우도 많아, 승객이 내릴 때 탑승 기념으로 '네잎 택시 승차증'을 증정한다.

네잎 택시를 탄 후에 정말로 좋은 일이 있었던 고객이 감사 편지를 보낸 적도 있다.

이성적으로 생각하면 네잎 택시도 그냥 택시다.

하지만 '행운을 전달한다'는 가치가 더해져 사람의 감정이 움직이고, 이 택시를 발견하면 사진을 찍어 SNS에 올리고 싶어진다.

POINT

스토리기술
상품과 서비스에 행운의 아이템이나 복권 등을 더하면 스토리가 생긴다.

어려운 분야일수록
친근하게 다가가라

심리적 허들 낮추는 전략

도쿄에 있는 서점 체인점 '유린도'에서 운영하는 유튜브 '유린도밖에 모르는 세계'는 약 28만 명의 구독자를 보유한 인기 채널이다.

사장인 마쓰노부 켄타로 씨가 제안해 2020년 2월에 시작한 이유튜브 채널은 초반에 '서점 직원의 책상'이라는 콘셉트로 책을 소개했다. 하지만 영상이 아무리 좋아도 3개월이 지나도록 구독자 수는 겨우 200명뿐이었다.

그래서 외부 크리에이터의 힘을 빌려 채널을 리뉴얼했고, 새로운 스타일로 영상을 올리기 시작했다.

바뀐 콘셉트는 부엉이 MC 북코로가 유린도의 거래처 직원이나 직원을 인터뷰하는 것이다. 직원들은 자기가 좋아하는 문구를 열정적으로 소개한다. 속도감 있게 편집되어 재미있고, 마치 예능 프로그램을 보는 것 같다.

MC 북코로는 영상에 출연하는 유린도의 직원들에게 '서점의 일부를 식품 코너로 만든 여자', '거래처 문구 구매를 좌우하는 남자', '문구왕이 되지 못한 여자', '서점을 프로 레슬링장으로 만든 남자' 등 재미있는 닉네임을 붙여준다.

심지어 "솔직히 인터넷에서 사는 게 싸지 않아?", "츠타야(유명 서점 체인점)는 포인트를 주니까 거기서 살게요!" 등 고객의 관점에서 거침없이 말한다. 이런 솔직함이 인기 비결이다.

실제로 매출에 큰 영향을 미쳤던 영상도 있었다. 1년에 몇 개밖에 팔리지 않던 비싼 유리로 만든 만년필이 유튜브 이벤트를 하자 1주일 만에 수백 개나 팔린 것이다.

'일본 최초! 수업하지 않는 학원'이라는 콘셉트로 알려진 다케다 학원도 유튜브 채널이 인기를 끌면서 크게 성장했다. 2009년에 시작해 2013년부터는 외부 마케팅 회사에 제작과 운영을 맡겼고, 현재는 구독자수 23만 명을 가진 인기 채널이 되었다.

이 채널의 콘셉트는 '입시생에게 도움이 되는 정보를 제공하는 것'이다. 그중에서도 입시생의 고민 상담을 해주는 '입시상담

SOS'라는 콘텐츠가 인기다.

출연 강사들은 입시생의 관점에서 진지하게 고민을 상담한다. 게다가 영상 중간중간 효과음을 넣고 장면을 자주 바꾸는 등 진지한 내용과 어울리지 않는 요소로 구독자가 질리지 않게 했다.

POINT

스토리기술
전문 분야는 왠지 딱딱할 것 같지 않은가? 여기에 재미 요소를 한 스푼 더해서 SNS에 올리면, 심리적 허들을 낮추는 스토리가 생긴다.

꼭 기억하기
상품이 전문 분야라 고민이라면 재미있는 영상을 기획해 올려보자.

단점을 숨기기보다
'잘' 노출하라

슈퍼마켓 체인점 오케이는 '정직 카드(어니스트 카드)'라고 불리는 POP 광고로 유명하다. '정직 카드'란 상품의 결점이나 단점을 고객에게 솔직하게 알려주는 것이다.

> 지금 판매하고 있는 자몽은
> 남아프리카산으로 신맛이 강한 품종입니다.
> 맛있는 플로리다산 자몽은
> 12월에 들어올 예정입니다.

장마의 영향으로 양상추의 품질이
평소에 비해 좋지 않고, 가격도 올랐습니다.
당분간 다른 재료로 대체해 사용하기를 추천합니다.

오늘 판매하는 참외는
일조량이 부족해 단맛이 떨어집니다. (당도 약 10도)
괜찮으시다면, 다른 과일을 추천합니다.

신선식품에만 해당하는 이야기가 아니다. 음료나 가공식품, 그리고 업체와의 거래 등에 대해서도 숨기지 않고 고객에게 모두 보여준다.

6월 21일부터 맥주 가격이 인하됩니다.
급하지 않으시다면 6월 21일까지 기다려주세요.

일반적으로 상품의 좋은 부분은 밝혀도 안 좋은 부분은 밝히지 않는 것이 업계의 상식이다. 하지만 오케이는 상품의 단점을 솔직하게 보여준 후 재고가 남을 위험과, 맛이 떨어지는 상품을 고객에게 팔았을 경우의 위험을 비교했을 때 후자가 더 위험하다고 판단해 '정직 카드'를 도입했다.

결점이나 단점을 솔직하게 보여주는 방법은 슈퍼마켓뿐 아니라 가전 할인 매장, 헬스장, 화장품 매장, 의류 매장, 서점, 여행사, 음식점, 부동산 등 모든 가게에 응용할 수 있다.

POINT

스토리기술
상품의 결점을 감추기보다 솔직하게 보여주면 오히려 스토리가 생긴다.

꼭 기억하기
판매하는 상품의 결점이나 단점을 솔직히 밝히자.

상품 대신
고객의 목소리를 팔아라

고객 후기로 스토리 만들기

낯선 곳에 가서 음식점을 찾는다고 해보자. 당신은 음식점의
맛과 분위기 등을 평가하는 앱이나 인터넷에서 후기를 찾아볼 것
이다. 호텔을 찾을 때도 마찬가지다. 가게나 호텔에서 직접 올리
는 정보보다 직접 이용해본 고객의 후기가 훨씬 더 믿음이 가기
때문이다.

즉, 고객의 목소리를 적극적으로 이용하면 스토리가 생긴다.

어느 광고회사 홈페이지에는 클라이언트의 의견이 빼곡하게
적혀 있다. 클라이언트의 얼굴 사진과 함께 이 회사에 광고를 의

뢰한 이유, 의뢰한 광고의 완성도에 대한 의견 등 광고 제작 과정이 자세하게 나와 있다. 이 경우에는 '클라이언트의 목소리'가 이 광고회사의 스토리를 만든 셈이다.

이처럼 고객의 스토리가 자세하게 나와 있으면, 내가 요청하고자 하는 것과 비슷한 의뢰를 찾아볼 수 있다. '이런 의도를 가지고 의뢰하면 이런 결과물이 나온다'라는 것을 짐작할 수 있으니, 처음 방문한 고객도 의뢰가 쉬워진다.

광고 제작 과정은 의뢰하는 사람의 눈에는 보이지 않는 상품이라서, 고객의 목소리가 스토리가 되어 홍보에 도움이 된다.

현대 광고의 아버지라 불리는 데이비드 오길비도 책《어느 광고인의 고백》에서 이렇게 말했다.

"카피에 추천하는 글을 넣으면 좋다. 독자에게는 잘 알지 못하는 카피라이터의 극찬보다, 나와 같은 소비자의 추천이 더 효과적이다."

POINT

스토리기술
추천하는 글을 활용할 때 현실적이지 않으면 조작한 것처럼 느낄 수도 있으니 주의해야 한다.

꼭 기억하기
고객의 목소리를 적극적으로 노출하자.

고객에게 언제나
최선을 다해야 하는 이유

고객의 마음을 흔드는 전략

영국 런던에는 유명한 장난감 백화점 '햄리스'가 있다.

1760년에 창업해 세계에서 제일 오래된 장난감 판매점으로 알려져 있다. 특히, 리젠트 스트리트에 있는 플래그십 스토어는 지하 1층부터 지상 6층까지 있는 건물로, 층마다 다른 장르의 장난감을 취급한다.

장난감 판매점이지만, 매년 500만 명이 방문할 정도로 유명한 관광 명소다. 장난감의 종류나 진열하는 방식도 대단하지만, 최고의 세일즈 포인트는 바로 '점원이 손님을 대하는 방식'이다.

각 층에는 5~6명의 점원이 있는데, 일정 시간이 되면 크게 소리내서 외치거나, 장난감 악기를 이용해 아이들을 모은다. 거기서부터는 점원의 원맨쇼다.

어린아이는 물론 부모까지 함께 장난감을 갖고 놀도록 유도한다. 판매를 위해서 한다기보다, 실제로 본인이 즐거워하면서 노는 것처럼 보일 정도로 아이들과 눈높이를 맞추는 맞추기 때문에 '훌륭하다'라는 생각이 든다. 이밖에 매장에는 아이들이 적극적으로 놀 수 있는 코너와 온 가족이 함께 즐길 수 있는 것도 있다.

햄리스에 가면 아이들의 마음이 흔들린다. 아이들의 마음이 흔들리니, 자연스럽게 부모의 마음도 움직인다. 그래서 이성적으로 생각하면 인터넷으로 사는 게 훨씬 싼 상품이라도, 그 자리에서 사고 싶어지는 것이다. 그야말로 '햄리스 매직'이다.

POINT

스토리기술
사람은 마음이 흔들리면 상품을 사고 싶어진다. 특정 시간에 가격을 낮춰 상품을 판매하는 '타임 세일'이 그 예다.

꼭 기억하기
고객의 얼굴과 이름을 기억하고 인사하기, 고객에게 편하게 말 걸어보기 등 우리 가게에서 할 수 있는 방법을 고민해보자.

사람에게
초점을 맞춰라

말로 마음을 흔드는 기술

야마나시현에 있는 슈퍼마켓 '해바라기 시장'은 재미있는 POP 광고로 유명하다. SNS에서도 종종 화제가 되곤 한다.

해바라기 시장의 유명한 POP 광고 몇 개를 보자.

> 대기업이라는 직장과 안정적인 생활을 집어던지고
> 가업을 이은 남자의 집념이 이룬 신선도
> _ 아침에 잡은 무지개송어

> 도쿄 고급 슈퍼의 구매 담당자가 놀랐다.
> "이, 이렇게나 맛있는 토마토가 세상에 존재하다니!"
> _ 빨강, 노랑 믹스 방울토마토
>
> 야쓰가타케 클럽에 있는 레스토랑에서 사용하는 쌀입니다.
> 해바라기 시장 모 직원의 첫사랑이 니가타로 시집가서
> 이 맛있는 쌀을 만들고 있었습니다! (세상 참 좁네요.)
> _ 도다의 쌀

※ 출처 : 인터넷 매체에 실린 해바라기 시장의 POP 광고 기사에서 인용

이런 POP 광고를 보면 마음이 흔들려서 사고 싶어지지 않는가? 무엇보다 흥미로운 사실은 이 POP 광고의 문구가 상품 내용보다 직원이나 생산자 등 '사람'에게 초점을 맞추고 있다는 것이다.

실제로 해바라기 시장의 홈페이지를 보면 '어벤저스 해바라기 시작'이라는 코너가 있다. 직원들이 닉네임으로 소개되어 있고 소개글, 특기, 좌우명, 인물 비평 등도 꽤 재미있다.

예를 들어, 사장 나와 씨한테는 '잘생긴 마쓰오카 슈조(일본의 탤런트이자 스포츠 해설가)'라는 소개글과 함께 좌우명은 '하나만 집중 공략', 특기는 '영혼을 뒤흔드는 마이크 퍼포먼스'라고 나온다. 그리고 다른 사람이 평가한 인물 비평에는 '언제나 조용히 웃는 남자가 마이크를 잡으면 변한다. 현란한 마이크 퍼포먼스를

보이는 그의 모습은 만담가인가!'라고 되어 있다.

　이런 소개문을 읽으면 아무래도 직원에게 친근감이 생긴다. 그리고 직원을 알고 나서 POP 문구를 읽으면 더 가슴에 와닿고, 마음이 흔들리면 상품을 사게 되는 것이다.

POINT

스토리기술
매장에서 고객의 마음을 흔들수 있는 시간을 만들어보자. 거기서 스토리가 생길 수도 있다.

꼭 기억하기
상품이 아니라 사람에 초점을 맞춰라.

칭찬 한마디면
상황이 반전될 수 있다

저출산, 젊은이들의 자동차 기피 현상 등으로 운전 강습을 해 주는 학원들은 점점 감소 추세다. 이런 위기 속에서 학생들과의 소통 방식을 개선해 큰 실적을 올린 자동차 교습소가 있다. 바로, '남부 자동차 학교'다.

2대 사장 가토 고이치 씨는 대학 졸업 후 도쿄에서 일했으나, 아버지의 요청으로 고향에 돌아와 회사를 물려받았다. 도쿄에 있는 자동차 학교에서 연수를 받은 뒤, 1993년 30살이 되던 해에 아버지가 운영하는 회사에 입사했다.

가토 씨가 가장 먼저 힘을 쏟은 부분은 '경영 이념'을 세우는 것이었다. 그리고 1997년에는 입학한 순간부터 졸업할 때까지 학생 한 명을 한 명의 강사가 담당하는 '담임 제도'를 도입했다.

초반에는 "혹시라도 학생을 지도할 때 사심이 들어가면 어떻게 할 생각이냐", "강사에 따라 기술에 차이가 생기지 않겠냐" 등 반대 의견도 있었다.

하지만 막상 시도해보니, 강사의 자세가 크게 바뀌었다. 오히려 담당 학생이 있다는 사실에 책임감을 느끼고 열심히 학생을 지도했다. 이 '담임 제도'는 지금도 남부 자동차 학교의 특징 중 하나로 이어지고 있다.

가토 씨는 어느 날 '칭찬을 들으면 운동 기능을 잘 습득할 수 있다'는 신문 기사를 읽었다.

'부모에게 혼난 경험이 적은 요즘 젊은이들에게는 지적보다 칭찬을 해야 실력이 좋아지지 않을까? 그리고, 운전 교습은 엄격하다는 이미지도 바꿀 수 있지 않을까?'

잘하면 남부 자동차 학교만의 유일한 포인트가 될 수도 있겠다고 생각한 가토 씨는 '칭찬하는 학교'라는 콘셉트를 만들었다. 그러자 "그런 안이한 교육법으로는 안전을 지킬 수 없다", "합격률이 떨어질 것이다", "목숨이 달려 있으니 엄격하게 지도해야 한다" 등 부정적인 의견을 들었다.

하지만 그런 의견에 굴하지 않고 재정비를 거쳐 2013년 2월, '칭찬하는 자동차 학원'이라는 이름으로 새롭게 출발했다. 그러자, 큰 변화가 생겼다. 학생 수가 4년 동안 30% 가까이 늘었다. 학생들의 태도도 눈에 띄게 좋아졌고, 학원 분위기도 좋아져서 직원들의 이직률도 줄어들었다.

그뿐만이 아니다. 학생들의 면허 합격률도 크게 올랐다. 수많은 졸업생이 '칭찬을 들으니 힘이 솟는다', '운전이 재미있다'라는 후기를 남겼다.

P O I N T

스토리기술
오래되어 변하지 않는 업계일수록 고객과의 소통 방식을 바꾸면 에피소드나 스토리가 생긴다.

출세하고 싶은 마음을
자극하라

'성공' 키워드 이용하는 법

당신이 이발소 사장이라고 상상해보자.

고객을 확보하기 위해서는 우선 무엇을 생각할까?

머리 자르는 기술? 가격? 내 집처럼 있을 수 있는 편안한 분위기? 대부분은 이런 부분을 어필한다.

하지만 도쿄의 한 빌딩 지하에 있는 이발소 잔기리ZANGIRI는 '일본에서 성공하는 비즈니스맨이 제일 많이 찾는 이발소'라는 슬로건으로 한 번 찾는 손님들이 계속해서 찾는 놀라운 재방문율을 자랑한다.

사장인 오히라 노리마사 씨는 이발 기술 대회에서 연속으로 우승할 정도로 뛰어난 기술을 갖고 있었다. 하지만, 손님은 계속 줄어들었다. 이발 업계의 상황도 좋지 않았고 폐업하는 가게도 늘어나고 있었다. 저렴한 가격을 내세운 체인점이 늘어나고, 이발소 대신 미용실을 찾는 남성이 늘고 있었기 때문이다.

이런 위기 속에서 오히라 씨는 이발의 정의를 철저하게 다시 생각하기 시작했다. 그리고 세일즈 포인트를 '비즈니스맨이 힘을 얻는 공간'으로 잡았다.

그러고 나니 새로운 서비스가 계속해서 떠올랐다. 안경 세척, 명함 스캔, 핸드폰 충전 등 비즈니스맨에게 필요한 것들을 무료로 서비스하는 것이다. 그리고 커트 상품과 함께 유료로 '운세가 올라가는 서비스'를 옵션으로 제공했다.

예를 들어, '이코노미 클래스', '비즈니스 클래스', '퍼스트 클래스'라는 이름으로 두피 마사지를 제공하는 것이다. 이런 옵션 서비스의 구매율은 80%가 넘는다. 잔기리의 또 다른 특징은 이발사 한 명이 손님을 담당하는 게 아니라, 모든 이발사가 고객을 접대한다는 것이다.

물론, 훌륭한 서비스는 기본이다. 하지만 구매율을 끌어올린 것은 비즈니스맨을 자극하는 '이름'일 것이다.

이 밖에도 좋은 기운을 불러일으키는 여러 가지 서비스를 제공하면서 일반 이발소보다 높은 객단가에 월 1,000명 이상의 고객이 찾는 인기 가게가 되었다. 재방문 비율도 90% 이상이다.

　당연히 이발하는 기술도 중요한 요소지만, 그런 것은 당연해서 굳이 내세울 필요가 없다. 잔기리는 기술, 가격이라는 이성의 영역에서 다른 이발소와 경쟁하지 않고, 성공과 관련한 키워드를 활용해 소비자에게 감정적으로 어필하면서 스토리를 만들었다. 덕분에 수많은 팬이 생기고 압도적인 재방문율을 얻었다.

POINT

꼭 기억하기
사람의 마음을 흔들 수 있는 감정 키워드를 찾아보자.

오래된 공간에서는
어떤 스토리가 먹힐까?

대만의 대도시 타이중에 있는 '궁원안과宮原眼科'는 세계에서 제일 아름다운 안과라 불리며, 국내외에서 수많은 관광객이 찾는 곳이다. 사실 이곳은 병원이 아니라 지역의 과자 브랜드가 모여 있는 거대한 디저트 매장이다.

이 건물은 원래 1927년 일본인 의사 미야하라 다케구마가 '미야하라 안과의원'이라는 이름으로 문을 연 타이중 최대 규모의 병원이었다. 전쟁이 끝난 후 미야하라 씨가 일본으로 돌아가자, 이 빨간 벽돌 건물은 국민당 정부가 관리했고, 한때는 '타이중시 위생원'으로 쓰였다. 그러나 위생원이 이전한 후에는 몇십 년간 방치되어 있던 곳이다.

그동안 1999년 대지진, 2008년 태풍을 겪으며 건물이 기울어지기 시작했고, 위험한 상태가 되었다. 타이중시에서는 철거를 결정했지만, 2010년에 지역의 과자업체인 '일출 그룹'이 이 건물을 사들였다.

보통 오래된 건물은 철거하고 그 자리에 새로운 건물을 짓는다. 그러면 높은 빌딩을 지을 수 있어 효율적이기 때문이다. 하지만 일출 그룹은 굳이 원래의 건물을 남기면서 '새로운 것'과 '오래된 것'을 융합시키는 리노베이션을 하기로 했다.

1층의 아치형 문, 2층의 창문 13개 등을 비롯해 외관의 상징적인 부분을 그대로 남겼다. 내부도 폐자재나 기와 등 기존의 자원을 최대한 활용해 일부만 개조했다. 그렇게 새로운 디자인으로 리노베이션했고, 2012년 '궁원안과'라는 이름으로 디저트 매장을 오픈했다.

전통적인 건축물 이미지와 '궁원안과'라는 이름을 남기는 것은 멋진 아이디어였다. '외관은 안과인데 내부는 디저트 매장'이라는 반전이 많은 사람의 흥미를 자극했기 때문이다.

궁원안과의 사진을 보다 보면 '세계에서 제일 아름다운 안과, 궁원안과에서 아이스크림을 먹었습니다'라고 SNS에 올리고 싶어진다. 그만큼 화제가 되기 쉬운 키워드다.

외관은 오래된 건물의 모습을 그대로 남겨 놓았기 때문에 세련되고, 화려한 내부로 들어갔을 때 반전 매력이 생겨 짜릿한 기분을 맛볼 수 있다.

POINT

꼭 기억하기

역사가 있는 공간은 활용할 요소가 많다. 현대에는 볼 수 없는 인테리어, 공간에 얽힌 역사를 충분히 활용하자.

'그리움'이라는 감정을 자극하라

감정을 건드는 기술

군마현에는 '루나파크'라는 놀이공원이 있다.

1954년에 '마에바시시 중앙아동유원'이라는 이름으로 문을 열었고, 2004년에 시민 공모를 통해 '루나 파크'라는 애칭이 붙었다.

입장료는 무료, 이용료는 큰 놀이기구가 50엔, 작은 놀이기구가 10엔으로 저렴하다. 큰 놀이기구는 미니 헬리콥터, 회전목마, 빙글빙글 서킷, 콩알 기차 등 8종류다.

가장 유명한 것은 '목마관'이라는 작은 놀이기구다. 문을 열었을 때부터 있었기 때문에 일본에서 가장 오래된 전동 목마로 알려져 있다.

60여 년 동안 500만 명 이상의 어린이들을 즐겁게 해주며 국가 유형문화재로 등록된 놀이기구다.

이 레트로한 놀이공원이 수년 전부터 인기를 끌고 있다.

줄곧 120만 명 전후였던 연간 입장객 수가 2016년에는 최고 기록인 약 146만 명을 기록했고, 2017년에는 훨씬 더 많은 171만 명을 기록했다.

놀이기구가 새로워진 것이 아니다. '일본에서 가장 그리운 놀이공원'이라는 콘셉트를 SNS에 계속 올려서 고객을 모았다.

특히 그리움의 아이콘이 된 것은 '전동 목마'였다. 이 놀이기구 사진을 본 부모들이 어린 시절을 그리워하며 자녀를 데리고 이곳을 찾았다. 그리고 자신의 아이를 이 전동 목마에 태워 다시 SNS에 올리는 선순환이 생겼다.

POINT

스토리기술
그리운 마음이 들면 스토리가 생긴다.

꼭 기억하기
그리운 느낌이 들어 SNS에 올리고 싶어지는 무언가가 없을지 생각해 보자.

사람은
비밀에 반응한다

중요한 정보는 숨기는 법

2012년 기노쿠니야 서점 신주쿠 본점에서 열린 북 페어는 큰 화제를 모았을 뿐 아니라, 책도 많이 팔렸다.

그중 대부분은 평소에 별로 팔리지 않았던 책이었다. 어떻게 이런 현상이 일어날 수 있었을까?

책 제목과 저자의 정보를 '숨기고' 판매한 것이 비결이었다. 책에 해당 작품의 첫 문장을 프린트한 커버를 씌워 제목과 내용이 보이지 않게 만든 후 판매한 것이다. 이른바 '머리말 북 페어'다.

처음에는 북 페어 기간에 700~800권 정도만 팔려도 성공이라고 생각했지만, 한 달 만에 그 10배인 7천 권이 팔리면서 북 페어 기간도 연장됐다. 그렇게 총 1만 8천 권이 팔렸다.

특히 북 페어가 시작된 후 2주가 지났을 때 한 인기 블로거가 '제목과 책을 쓴 저자 이름을 알지 못한 채 머리말만 보고 책을 사야 하는 이벤트'라고 X에 올린 것이 화제가 되면서 폭발적으로 책이 팔리기 시작했다.

참고로 북 페어에서 압도적으로 많이 팔려 매출 1위를 기록한 책은 '내일, 세상이 끝나는 날에 함께 보낼 사람이 없다'라는 머리말을 가진 책이었다. 원래 이 책은 한 달에 1~2권 팔리는 책이었다. 그런데 제목과 저자 정보를 숨기니 북 페어 기간에 무려 1,100권 이상 팔렸다고 한다. 이때 판매한 책 중에는 머리말이 유명한 책도 섞여 있었지만, 사람들 대부분은 무슨 책인지 모른 채 책을 구매했다. 그만큼 사람에게는 '숨겨져 있으면 오히려 보고 싶어진다'라는 심리가 있는 것이다.

POINT

스토리기술
인간은 무언가가 숨겨져 있으면 더 보고 싶어지는 심리가 있다. 신화나 옛날이야기에서도 분명 '보지 말라'라고 했을 때 몰래 보는 사람이 나오고, 비극적인 사건이 벌어지는 이유다. 이런 인간의 심리를 이용해 중요한 정보를 일부러 숨기면 세일즈 포인트가 된다.

꼭 기억하기
숨겨져 있으면 궁금해진다. 상품의 중요한 정보를 일부러 숨겨보자.

1등보다 나은
2등이라고?

열심히 노력하는 모습 어필하기

1963년 미국 렌터카 업계에서는 점유율 60%를 차지하는 허츠 Hertz가 압도적인 1위 기업이었다. 당시 2위였던 에이비스Avis의 매출은 허츠의 4분의 1에 불과했고, 3위 기업이 에이비스의 뒤를 바짝 쫓고 있었다.

전년도에 거액의 적자를 낸 에이비스는 경영진을 전부 바꾸면서 DDB(Doyle Dane Bernbach)에 광고를 맡겨 광고 캠페인을 시작했다.

당시 슬로건은 이렇다.

우리는 2등입니다. 그래서 우리는 더 열심히 합니다.

Avis is only No.2 We try harder.

에이비스의 간부들은 직원들에게 이 콘셉트를 철저히 교육했다.

2장의 광고지를 들고 전국의 영업소를 빠짐없이 돌면서 전 직원들에게 슬로건을 말하게 했다. 그리고, 100개에 가까운 자동차 확인 항목 카드를 작성시켜서 전국에 뿌렸다. 에이비스의 직원들은 모두 '우리는 더 열심히 합니다We try harder'라고 쓰인 스티커를 가슴에 붙이고 고객을 맞이했다.

에이비스의 'No.2 캠페인'은 큰 호응을 얻었다.

일반적인 광고는 '자기 회사가 얼마나 최고인지'를 과시한다. 에이비스의 기존 광고도 '렌터카 회사 중에서 최고의 서비스를 제공하는 회사'라는 메시지에 초점을 맞췄다. 하지만 고객에게는 그 말이 전혀 와닿지 않았을 것이다. '업계 2위인데 어떻게 최고의 서비스가 가능하지?'라는 마음이 있었을 테니까.

그래서 '처음부터 2위라는 것을 인정하고, 더 열심히 하겠다'라고 말하는 광고에 사람이 공감한 것이다. '마이너스를 인정할 정도니까 분명 열심히 해주겠지. 좋아 이용해보자'라는 마음이 들었다.

직원들의 사기도 올라갔다. 그 결과, 단 1년 만에 매출은 50% 이상 증가했고, 13년간 계속되던 적자는 큰 폭의 흑자로 돌아섰다. 점유율도 크게 상승해서, 그전까지 큰 차이를 보이지 않았던 3위 회사와의 차이도 크게 벌어졌다.

에이비스의 새로운 광고는 '1위 기업에 대항하는 것이 목적'인 것처럼 보였지만, 결과적으로는 3위 이하 회사를 따돌리고 시장 점유율까지 빼앗는 효과를 얻었다.

POINT

스토리기술
우리는 항상 1등을 목표로 하지만, '열심히 노력하는 2등'을 홍보하면 더 매력적인 에피소드가 생기고 스토리로 이어질 수도 있다.

꼭 기억하기
우리 회사, 우리 가게도 무엇이든 이유를 붙여서 '(우리는 1위가 아니다) 그러니까 열심히 한다'라는 것을 어필해보자.

잘 파는 사람은
남을 통해 알린다

'세계 최고'를 파는 기술

2009년에 호주 퀸즈랜드주 관광공사는 골머리를 앓고 있었다. 이곳은 세계문화유산에 올라가 있는 '그레이트 배리어 리프' 근처의 섬을 포함하고 있는데, 휴양지로서 인지도도 낮았기 때문이다. 또한, 당일치기로 올 수 있는 곳이라는 인식 때문에 섬에서 숙박할 수 있다는 사실이 알려지지 않았다.

그래서 퀸즈랜드주 관광공사는 지역의 광고회사와 함께 관광 홍보 캠페인을 하기로 했다. 하지만 아무리 이곳의 장점을 어필해도 다른 휴양지와의 차이를 분명하게 만들기는 어려웠다. 그러다가 뜻밖에도 새로운 콘셉트가 탄생했다.

"세계 최고의 일The Best Job in The World을 하는 섬의 관리인을 모집하고,

그 선발 과정을 공개합니다."

누구나 부러워할 만한 일이라면 화제가 될 것이고, 최종 1명이
선발될 때까지(선발된 후에도) 홍보 효과는 계속해서 이어질 것
이다.

관리인이 해야 할 일은 일반적인 잡무와 1주일에 한 번 블로그
에 어떤 내용이든 올리는 것, 단 2가지뿐이었다.

그리고 근무 조건과 급여는 다음과 같았다.

• 6개월 동안 수영장 딸린 호화 저택에 거주

• 약 15만 호주 달러(당시 시세로 약 1억 원)

• 항공권 및 보험 포함

지원 자격은 18세 이상이며, 영어 가능이었다. 지원하고 싶다
면 자기 PR이 들어간 비디오를 보내면 된다. '세계 최고의 일을 하
는 섬의 관리인'을 뽑는 구인 사이트에는 800만 명 이상이 방문했
고, 세계 200여 개국에서 약 3만 4,700명의 지원자가 몰렸다.

영국의 유명 방송국 BBC에서도 이 캠페인에 대한 다큐멘터리
프로그램을 방영하며 각국의 미디어에서도 화제가 되었다.

최종 선발된 영국인 벤 사우스올 씨는 여러 나라의 미디어와

인터뷰를 했다. 그는 훗날 이렇게 말했다.

"실제로 이 일을 해보니 섬의 장점을 더 많이 홍보해야 한다는 책임감 때문에 여유로운 시간을 보낼 수 없었다. '세계 최고의 일'이 아니라 '세계에서 제일 바쁜 일'이었다."

이 캠페인 결과, 해밀튼섬 등 주변 섬들에 대한 문의가 밀려들었고 방문객도 크게 늘어, 예산의 70배가 넘는 홍보효과를 봤다고 한다.

POINT

스토리기술
뭐든 최고가 될 만한 것을 찾아서 어필한다면 스토리가 생긴다.

망하기 직전의 회사가
위기를 벗어난 방법

'최고의 재미'를 파는 기술

오사카의 랜드마크 '쓰텐카쿠(통천각)'는 '일본에서 제일 재미있는 타워'라는 콘셉트를 정하고 다양한 방법으로 스토리를 만들고 있다.

원래 쓰텐카쿠는 1912년에 놀이동산 '루나 파크'를 상징하는 타워로 세워졌다. 당시에는 동양 제일의 테마파크로 사람들이 매우 붐볐다고 한다. 그러나 1923년에 루나 파크가 폐쇄되고, 1943년에는 전쟁 상황에 철재를 공급해야 한다는 명목으로 쓰텐카쿠도 해체되었다. 현재 남아 있는 것은 다시 세워진 2대 건물이다. 주변 상점가 사람들이 자금을 모집해서 1956년에 완공되었고, 이후 쓰텐카쿠 관광주식회사가 운영하고 있다.

개업 효과로 8년간 인기가 있었으며, 1970년 오사카 엑스포 때는 입장객 수가 100만 명을 넘을 정도였다. 하지만 이후로는 계속 입장객이 줄어들고 있었다. 적자도 늘어나서 쓰러지기 직전의 상태였다.

그러다가 2003년에 아버지의 뒤를 이어 2대 사장이 된 니시가미 마사아키 씨는 "높이로 전망을 파는 시대는 끝났다. 앞으로는 재미를 팔아야 한다"라고 말하며, '이왕이면 일본에서 제일 재미있는 타워가 되자'라는 목표를 세웠다. 그 뒤로 쓰텐카쿠의 직원들은 계속 재미있는 기획을 쏟아내기 시작했다.

먼저, 2012년에 100주년 기념사업으로 전망 층을 전체 개조했다. 한쪽 벽을 모두 금색으로 만든 것이다. 이렇게 반짝이는 전망대는 어디에도 없을 것이다.

2015년에는 전망층 위에 특별 야외전망대인 '천망 파라다이스'를 오픈했는데, 전면 강화유리를 원형으로 둘러 특별한 공간으로 만들었다. 옥상을 관광 자원으로 재탄생시킨 것이다. '최고의 재미'를 노린다는 목표가 있었기에 할 수 있는 시도들이었다.

POINT

꼭 기억하기

고객에게 제공할 수 있는 '재밌는 요소'가 무엇인지 생각해보자.

미래를
상상하게 하라

#10년 후 모습을 스토리로 만드는 기술

역사와 전통을 자랑하는 시나가와 여자학원은 중학교와 고등학교가 합쳐진 학교다. 한때 폐교될 뻔했지만, 지금은 인기 학교가 되었다. 인기를 끌게 된 이유는 '졸업생들의 10년 후, 28세에 빛날 여성을 육성하자'라는 교육목표 '28 프로젝트'가 있다.

왜 하필 28세일까?

'28세'라는 나이는 일에서 다양한 경험을 쌓고, 결혼과 출산을 선택하는 터닝 포인트가 되는 시기이기 때문이다. 부모도 정년퇴직을 맞는 나이가 되어 의지할 곳 없는 시기이기도 하다.

그 나이가 됐을 때 주위 상황과 조화를 이루면서 다양한 선택을 할 수 있게 만드는 소통 능력을 중학교, 고등학교 6년 동안 익히는 것을 목표로 한다. 그것을 위한 길잡이가 되는 것이 '28 프로젝트'다. 그 결과, 부모 세대의 비즈니스맨들 사이에서 시나가와 여자학원이 알려졌고, 브랜드 이미지가 크게 향상되었다.

원래 학교의 설립 취지는 '아이들이 어른이 되었을 때, 사회에서 자기 몫을 해낼 수 있도록 돕는 것'이었다. 그 취지를 되새기며, 학생 시절에 다양한 체험을 시키고 견문을 넓히길 바라는 마음에서 이 프로젝트를 시작하게 되었다.

처음에는 희망자를 모집해 일본 전통 예능을 감상하러 가거나, 사회에서 일하고 있는 강사를 초청해 강의를 들었다. 그러다가 희망자뿐만 아니라 전교생을 대상으로 하게 되었고, 지금은 '기업과의 콜라보 수업'이 유명하다. 기업의 협력을 받아 학생들이 직접 상품을 개발하는 수업으로, 실제로 상품화된 것도 있다.

학생들은 실제로 사회에 나갔을 때 기획이나 프레젠테이션을 어떻게 하는지 경험할 수 있고, 어른들과 함께 일하면서 시야가 넓어지는 경험을 할 수 있다.

대학 합격만을 목표한다면 '수학 점수가 낮다'라는 이유로 문과를 선택할 것이다. 하지만 28세가 됐을 때 자기 모습을 그려보면 지금 무엇을 해야 할지가 보인다.

'28 프로젝트'의 목적은 학생들이 '미래를 위해 내가 무엇을 해야 할지'를 알게 하는 것이다.

그 결과, 학생들은 실제 사회에 나가면 학교와는 다른 평가 기준이 있다는 것을 피부로 느끼게 된다. 나에게 어떤 장점이 있는지 깨달으면, 전보다 훨씬 더 의욕이 넘치게 된다고 한다.

이처럼 기업과의 콜라보 수업은 큰 성과가 있었다.

POINT

스토리기술
만약 '28 프로젝트'라는 상류 카피가 없었다면 어땠을까? '무엇을 위해' 기업과 콜라보 수업을 하는지 알기 어렵고, 화제가 되지도 않았을 것이다. 구체적으로 '28세'라는 나이를 정한 것이 효과를 봤다.

응원의 힘은
어디까지 닿을까?

'응원하는 마음' 이용하기

영국에서 태어난 '킷캣'은 세계적인 초콜릿 브랜드다.

현재는 스위스에 본사가 있는 세계 최대 식음료회사 네슬레에서 제조하고 판매한다. (미국만 허쉬사가 제조한다.)

일본은 영국에 이어 세계 2위로 킷캣을 많이 소비하는 나라다. 그런데 특이한 점이 있다. 다른 초콜릿 브랜드는 밸런타인데이가 있는 2월에 가장 많이 매출이 오르지만, 킷캣은 '입시생을 응원하는 초콜릿'이라는 이미지 때문에 12~1월에 가장 많은 매출을 기록한다는 것이다.

일본에 처음부터 이런 콘셉트가 있었던 건 아니다.

2000년대 초, 킷캣은 위기를 겪었다. 그때까지는 "Have a break, have a KitKat"을 캐치 카피로 내세우고 TV 광고를 중심으로 홍보를 펼쳤지만 큰 효과가 없었다. 그저 '엄마가 가정용으로 킷캣 큰 봉지를 산다'라는 이미지였다.

그러다가 'Have a break(휴식하자)'라는 뜻이 일본인에게는 '스트레스에서 벗어나자'라는 의미가 강하고, 입시 스트레스가 심한 중고등학생을 주요 타깃으로 바꾸자는 의견이 조금씩 나왔다.

그 무렵, 본사에 규슈 지점장의 전화가 걸려왔다.

"규슈에서는 12~1월에 킷캣이 잘 팔립니다. 가고시마의 한 슈퍼 사장님이 조사해보니 입시생을 둔 부모님이 많이 사 간다고 하더군요."

'킷토 카츠(반드시 이긴다)'의 사투리 '킷토 캇토'가 킷캣의 발음과 비슷하다는 이유로, 중요한 시험을 보러 가는 자녀에게 부적 대신 주기 위해 산다는 것이다. 그래서 '입시 시즌에 맞춰 POP 광고를 만들고 싶다'라는 내용이었다.

홍보 책임자는 그 이야기에서 힌트를 얻어 '킷캣 = 수험생 응원 부적'이라는 콘셉트로 '킷캣 수험생 응원 캠페인'을 시작하기로 했다. 이때 수험생을 응원한다는 메시지를 절대로 TV 광고에 내보

내지 않는 것이 규칙이다. 업체에서 직접 그런 메시지를 내보내면 상술로 여겨져서 거부 반응을 일으킬 수 있으니, 소비자들 사이에서 자연스럽게 소문이 난 것처럼 하기 위한 전략이었다.

POP 광고 카피는 "킷토 사쿠라사쿠(분명 벚꽃이 필 거야)"라는 문구로 정했다. 과거 입시 결과가 합격일 때 전보로 보내던 메시지였다. 이 콘셉트가 바로 통했던 것은 아니다. 하지만 여러 해에 걸쳐서 서서히 소비자들이 인식하게 되었다.

POINT

꼭 기억하기

우연히 걸려온 한 통의 전화를 놓치지 않고 스토리 마케팅에 도입한 것이 성공 요인이다. 작은 아이디어도 놓치지 말고, 고객을 응원하는 마음을 이야기로 만들 수 있을지 생각해보자.

말장난이 가져온
뜻밖의 경제 효과

말장난의 쓸모

2012년, 일본 전역에서 스타벅스 매장이 없는 곳은 돗토리현뿐이었다. 당시 한 TV 프로그램 인터뷰에서 돗토리현 지사인 히라이 씨의 말 한마디는 돗토리현 경제에 큰 도움이 되었다.

"돗토리에 스타바(일본식으로 스타벅스를 줄인 말)는 없지만, 일본 제일의 스나바는 있다."

'스나바'는 돗토리 모래언덕을 말한다. 이 한마디는 SNS에 순식간에 퍼지면서 큰 화제가 되었다.

당시 돗토리역 앞에서 술집을 경영하고 있던 긴난 그룹은 주변에 대형 술집 체인점이 계속 생기고 있어 고민이 많았다. 이런 상황에서 히라이 지사의 말을 듣고 '스타바가 없다면 술집을 바꿔서 스나바 커피를 만들까?'라고 생각했다.

긴난 그룹은 즉시 히라이 지사에게 양해를 구한 후, 2014년 4월 돗토리역 근처에 '스나바 커피'를 오픈했다. 오픈했을 때는 히라이 지사가 꽃을 들고 와서 축하해주었는데, 그 모습이 뉴스 첫 페이지에 실려 화제가 되었고 매출이 늘었다.

스나바 커피를 오픈한 지 1년 후인 2015년, 드디어 스타벅스가 돗토리현에 진출하기로 했다. 게다가 장소는 돗토리역 바로 근처다. SNS에서는 '스나바 커피는 괜찮아?'라는 글이 올라왔다.

하지만 스나바 커피는 이 위기를 주목받을 기회라고 생각했다.

돗토리에 처음으로 생긴 스타벅스 돗토리점에는 가게가 문을 열기 전부터 1,000명이 넘는 줄이 생겼다. 오픈 시간 전부터 이 정도로 많은 사람이 몰린 일은 일본 스타벅스 역사상 처음 있는 일이었고, 도쿄에서도 리포터가 와서 큰 뉴스가 되었다.

스나바 커피는 '위기 캠페인'을 실시했다. 스타벅스 영수증을 지참하면 커피 반값 할인, 맛이 없으면 무료로 커피를 제공한 것이다. 덕분에 스나바 커피도 아침 일찍부터 줄이 생겼다.

이 캠페인으로 스나바 커피는 전국적으로 알려졌고 대박 가게가 되었다. 2016년에는 '돗토리현 관광 인지도' 순위에서 돗토리 모래언덕 등에 이어 4위를 차지할 정도였다.

2015년에는 돗토리 시내의 커피 문화, 카페 문화를 발전시키기 위해 '돗토리 커피 문화 진흥회'가 설립되기도 했다. 예전부터 커피숍 수가 많고 커피 문화가 자리 잡고 있던 돗토리현은 이 활동을 통해 2016년에는 주민 한 명당 커피를 사 먹는 금액이 전국 1위가 되었다.

현재 스나바 커피는 돗토리역 근처뿐만 아니라, 돗토리 공항, 요나고 공항 등 돗토리의 주요 공항 2곳을 비롯해 지역 내 여러 곳에 지점을 운영하고 있다.

POINT

스토리기술
위기를 기회로 만드는 건 작은 아이디어에서 시작한다. 심지어 말장난도 하나의 아이디어가 될 수 있다.

꼭 기억하기
당장 할 수 있는 것부터 찾아보자.

고객의 불만에
귀를 기울여라

불만을 해결하는 상품 만들기

오사카에서 70년 넘는 역사를 가진 작은 재봉틀 업체 '아크스 야마자키'는 한 집에 한 대씩 재봉틀이 있던 시절, 대기업에서 위탁생산을 맡겨 성장한 업체다.

하지만 1990년 말 이후 재봉틀 시장은 점점 판매량이 떨어졌다. 3대 사장으로 야마자키 가즈시 씨가 취임한 2015년에는 큰 적자로 망하기 직전이었다. 이대로는 미래가 없다고 판단한 아크스 야마자키는 위탁생산을 중단하고, 회사만의 오리지널 상품을 만들기로 했다.

먼저 아기를 키우는 젊은 엄마들의 의견을 조사했다. 그리고

"초등학생 때 가정 시간에 배웠던 재봉틀이 너무 어려웠다"라고 생각하는 사람이 많다는 것을 알게 되었다.

이에 '어렸을 때부터 쉽고 재미있게 사용할 수 있는 재봉틀 장난감'을 만들기로 했다. 재봉틀 시장이 축소되어 재봉틀을 사용하는 가정이 줄어들고 있었지만, 미래를 위해 조금이라도 준비를 해두자는 전략이었다.

하지만 쉽고 안전한 재봉틀 장난감에 바늘을 넣는 것이 어려워서, 시장 출시까지는 3년이라는 세월이 걸렸다.

결국, 재봉틀의 바늘에 털실을 꽂아 섬유와 얽히게 만들어 천을 누르는 방법을 쓰는 '털실 재봉틀 Hug'라는 상품이 나왔다. 실이 굵고 조작이 쉬워서 아이들이 사용해도 손을 다치지 않게 만든 상품이다.

이 상품으로 아크스 야마자키는 업계 최대 규모의 장난감 가게와 도매업체까지 진출해 판매의 길을 열게 되었다. 미디어에도 소개되면서, 처음에 준비한 2만 대가 2개월 만에 전부 판매되었다. 결과적으로, 큰 적자를 보던 아크스 야마자키는 다음 해 흑자로 돌아서며 V자 회복을 달성했다.

이후에도 아이가 있는 엄마들에게 설문조사를 해서 "간단한 바느질을 하기 위해 재봉틀을 쓰고 싶어도 최근 재봉틀은 기능이

너무 많아서 어렵다", "재봉틀은 자리를 너무 많이 차지한다", "집 인테리어와 어울리지 않아서 친구들이 놀러 왔을 때는 천으로 덮어둔다" 같은 불만을 들었다.

야마자키 씨는 이런 불편함이 업체가 해결해야 할 과제라고 생각했다. 그렇게 최소한의 기능, 쉬운 조작, 자리를 차지하지 않으면서 스타일리시한 재봉틀을 만들었다.

마침 코로나19가 유행하기 시작한 때였기 때문에, 마스크가 부족해 직접 마스크를 만들려는 사람이 늘어났고 처음 예상했던 것보다 3배 넘는 매출을 기록했다.

P O I N T

스토리기술
많은 사람이 가진 불만을 해결하면 스토리가 생긴다.

스토리 마케팅 기술 083

'좋은 일을 하고 싶다'는
마음을 이용하라

사회공헌으로 스토리 만드는 법

기업에서 사회공헌 활동을 한다고 하면, 여유가 있는 대기업이 사회적 책임 때문에 하는 경우가 많다.

하지만 직원이 10명 이하의 소규모인데 사업의 중심을 사회공헌 활동에 두고 실천해서 세상의 주목을 받는 회사가 있다. 바로 교토에 있는 사무용품 판매 회사 '카스타넷'이다.

사장인 우에키 씨는 "규모가 작고 경영도 어려운 기업일수록 사회공헌에 힘을 쏟아야 한다"라고 말한다.

사실 카스타넷은 설립부터 지금까지 적자가 계속되었다. 그런데, 이런 상황을 크게 바꾼 사건이 일어난다. 우연히 캄보디아에 문구 보내는 활동을 했었는데, 이런 사회공헌 활동이 수많은 미디어에 소개된 것이다.

사장인 우에키 씨는 그 일을 계기로 사회공헌 활동을 하면 세상의 주목을 받고 회사에 대한 신뢰도 올라간다는 것을 깨달았다. 그리고 '적자 기업이면서 사회공헌을 할 때냐'라는 냉소적인 시선을 받으면서도 장애인 스포츠 등에 협찬하는 등 사회공헌 활동을 계속했다. 그러던 중, 어느 회사에서 "사옥을 새로 짓는데 모든 사무용 기기를 맡기고 싶다"라는 큰 주문이 들어왔다. 이유를 물어보니 "이왕이면 사회공헌을 하는 회사에서 구매하고 싶다"라는 대답이 돌아왔다.

그때부터 그동안 해왔던 사회공헌 활동이 빛을 발하기 시작했고, 여러 기업에서 주문이 들어왔다. 이렇게 가치 있는 일에 보탬이 되고 싶다는 생각을 가진 고객이 늘어난 덕분에, 카스타넷은 적자를 벗어나 흑자를 기록했고 사업도 본격적으로 궤도에 오르게 되었다. 사회공헌 활동에 힘을 쏟은 덕분에 일어난 일이었다.

POINT

스토리기술
사회공헌 활동을 하면 여러 가지 좋은 스토리가 생긴다. 그래서 경쟁사와 차별화되고 독보적인 존재가 된다.

버려지는 것에도
스토리가 있다

버리기 아까운 것으로 스토리 만들기

도쿄 유라쿠초에는 '쓰키지 시장에서 버리는 생선이 아까워서 하는 프로젝트, 우오하루'라는 생선 전문 술집이 있다.

맛과 신선도에는 문제가 없는데 정해진 크기보다 크거나 작고, 형태가 나쁘거나, 상처가 생겼거나, 너무 많이 잡혔거나, 제철이 아니거나, 경매에서 팔고 남았다는 이유로 버려지는 생선으로 간판 메뉴를 만들어 파는 술집이다.

생각보다 사소한 이유로 버려지는 생선이 많다. 이런 생선을 맛있는 음식으로 바꿔, 세상에 '버리기 아까운 식재료의 가치'를 널리 알리는 일이 이 가게의 목적이다.

메뉴에는 그 생선이 왜 버려질 뻔했는지에 대한 이유가 설명되어 있다. 예를 들어, 고급 생선인 눈볼대는 '생선 비늘에 상처가 생겨 납품 대상이 되지 않았다'라는 이유가, 털게는 '운반 중에 다리가 하나 부러졌다'라는 이유가 각각 적혀 있다.

마트에서 팔 수는 없지만, 도매시장의 최고 실력자가 선택한 생선이니 신선도와 맛은 보장된다. 가격도 합리적이지만, 아까운 식재료의 가치를 알리는 게 목적이기 때문에 '일부러' 저렴한 가격은 어필하지 않는다.

고객들이 이 가게를 찾는 것도 단순히 맛있고 싸다는 이유가 아니라 이 노력에 공감하기 때문이 아닐까?

이 가게는 단순히 물고기를 팔고 있는 것이 아니라, '아까운 것을 버리지 않고 활용한다'라는 마음을 팔고 있는 것이다. 그리고 고객은 그 이야기에 공감해서 계속 찾는다.

POINT

스토리기술
세상에 넘쳐나는 낭비하는 것, 버리기 아까운 것을 사업으로 만들면 스토리가 생긴다. 이 방법은 사업과 사회공헌 활동을 연결시키는 법과도 관련이 있다.

꼭 기억하기
버리기 아까운 것을 활용할 수 있는 방법이 무엇인지 찾아보자.

새로운 시도를
두려워 말라

사업의 목적 바꾸기

타니타는 2000년대까지 체중계와 체지방계를 만드는 회사로 유명했다. 하지만 최근에는 '타니타 식당', '타니타 카페', '타니타 핏츠 미' 등 여러 사업을 통해 사람들의 건강한 생활을 돕는 기업이라는 이미지가 강해지고 있다.

이런 이미지를 갖게 된 건 과거부터 현재까지 사업의 목적을 계속해서 바꾸며 변화를 시도했기 때문이다.

타니타는 원래 담배 케이스나 토스터 등을 제조하던 곳으로, 1950년대 후반에 체중계 시장에 뛰어들었다. 그 무렵에는 목욕

탕에 있는 체중계로만 몸무게를 잰다는 생각이 일반적이었다. 하지만 미국의 일반 가정에서는 이미 한 집에 한 대씩 체중계가 있었다.

이런 사실을 알게 된 당시의 타니타 사장은 '머지않아 일본도 그런 라이프스타일이 보편화될 것이다'라고 생각했고, 바로 국산 체중계 개발을 시작했다. 그리고 1959년, 가정에서 쓸 수 있는 체중계에 '헬스미터'라고 이름 붙여 판매했다.

이 생각은 적중했다. 일본이 고도로 성장하던 시절 동안 계속해서 매출이 올라갔다. 하지만 수많은 가정에 체중계가 거의 보급된 후, 1980년대에 들어서는 매출이 떨어지기 시작하더니 적자가 되었다. 그래서 어쩔 수 없이 사업의 방향을 바꿔야만 했다.

그렇게 체중계의 진짜 의미를 파고 들어가니 '건강'이라는 키워드에 도달하게 되었다. 그래서 체중계를 만들어서 파는 비즈니스에서 '몸무게를 관리해 건강을 제공하는 비즈니스'로 사업의 목적을 바꾸었다.

이때 만든 것이 일명 '체지방계'다. 비만은 '몸무게가 무거운 것뿐 아니라 지방의 양이 많다는 뜻'이라는 의사의 말에 힌트를 얻어 개발하기 시작했다.

1994년, 체지방을 잴 수 있는 가정용 체지방계가 상품화되자 폭발적인 매출을 기록했다. '체지방'이라는 말을 사용한 것도 타니타가 처음이었다.

그리고 건강을 제공하는 기업의 직원이 건강해야 된다는 이유로, 1999년에 직원의 건강 유지, 증진을 목적으로 한 사원 식당을 오픈했다. 콘셉트는 '맛있게 배불리 먹으면서 살 빼기'였다. 처음에는 맛없다는 혹평이 많았지만 시행착오를 거치면서 맛도 좋아졌다.

현재 타니타의 사업 목적은 '건강을 측정한다'에서 한 걸음 더 나아가 '건강을 만든다'가 되었다. 지금까지는 상품을 통해 고객이 건강한 생활을 할 수 있게 도왔지만, 이제부터는 다른 다양한 방법으로 고객을 건강하게 만드는 것이 사업 목적이 되었다.

그리고 이런 목적을 이루기 위해 다양한 분야로 사업을 확대해 성장하고 있다.

POINT

꼭 기억하기
사업의 목적을 바꾸면 새로운 스토리가 생긴다. 현재의 사업 영역을 재검토하여 살펴보자.

신념을 팔면
생기는 일

신념을 이용해 스토리 만드는 법

양돈회사 '미야지부타'의 미야지 유스케 사장은 2006년에 아버지가 운영하던 양돈업을 물려받았다. 이후 '미야지부타'라는 돼지 브랜드를 만들기도 하고, 다양한 활동을 하며 현재 가장 주목받는 1차 산업 종사자 중 한 명이다.

원래 미야지 씨는 가업이었던 양돈 농가를 물려받을 생각이 없었다. 하지만 샐러리맨 시절에 우연히 농업 관련 책을 읽고 분노를 느꼈다고 한다. 특히 문제라고 생각한 것은 두 가지였다.

첫 번째는, 생산자에게 가격을 결정할 수 있는 권한이 없다는 것이었고, 두 번째는, 생산한 사람이 누구인지 알지 못한 채 유통

된다는 것이었다. 이런 상황에서는 아무도 농업에 뛰어들려고 하지 않을 것이다. 농가에서 일하는 사람의 평균 연령은 60대다.

'과연 10년 후, 20년 후에 일본인의 위장을 책임질 농가는 어떻게 되어 있을까?'

이런 생각 때문에 가업을 물려받는 것에 대해서 진지하게 고민하게 되었다. 결국 2005년, 미야지 씨는 회사를 그만두고 본가로 돌아갔다.

'이런 시대에 양돈 농가의 장남으로 태어난 것은 어떤 의미가 있을 것이다. 농축산업계를 변화시키는 것이 나의 운명이다.'

미야지 씨는 1차 산업에 대한 인식을 '힘들고, 더럽고, 촌스럽고, 냄새나고, 돈도 못 벌고, 결혼도 못하는 산업'에서 '멋있고, 감동이 있고, 돈도 벌 수 있는 산업'으로 바꾸겠다는 신념을 갖게 되었다. 우선, 집 근처의 과수원에서 '미야지부타 바비큐 파티'를 열어 사람들에게 돼지고기 맛을 보여주기로 했다. 대학 시절 친구, 회사원 시절의 동료 등 1,000명에 가까운 사람에게 메일을 보냈다. 메일에는 일본의 1차 산업을 바꾸기 위한 뜨거운 신념이 절절하게 적혀 있었다. 미야지 씨의 뜨거운 열정은 수많은 사람의 마음을 움직였다.

'힐링하고 싶은 주말, 답답한 도시를 벗어나 맛있는 바비큐를 먹으면서
여러 사람과 교류한다.'

이 이벤트가 통했다. 무엇보다 다들 미야지 씨의 신념에 공감
해주었다. 덕분에 고객 수는 점점 늘어났다. '미야지부타'라는 돼
지고기 브랜드명은 점점 인지도를 쌓게 되어 직접 거래하고 싶다
는 레스토랑도 늘어났다. 순식간에 '톱 브랜드 돼지'라고 불리게
되었다.

또한, 도시에서 직장 생활을 하는 농가의 자녀들을 '농가의 애
송이'라고 부르면서, 가업을 물려받고 싶지만 용기를 내지 못하는
이 애송이들을 지원하기 위해 'NPO 법인 농가의 애송이 네트워
크'를 설립했다.

POINT

스토리기술
어떻게 이 짧은 기간에 많은 사람의 지지를 받을 수 있었을까? 신념이
있다면 많은 사람의 마음을 흔들 수 있다.

꼭 기억하기
상품을 팔 때, 강력한 신념을 같이 어필해보자.

'여기에서만 가능한 것'을
보여주자

한 가지를 파고들면 생기는 일

아오모리현에 있는 호시노 리조트 '아오모리야'의 슬로건은 '노레소레 아오모리'다. '노레소레'는 지역 사투리로 '열심히, 전력을 다하다'라는 뜻이다. 즉, '철저하게 아오모리를 파고들다'라는 의미다. 밑바닥에 있던 호텔 아오모리야는 이 슬로건 덕분에 부활했다.

지금의 이름으로 바뀌기 전에는 '고마키 그랜드 호텔'이라는 이름이었다. 전성기 때는 인기 호텔이었지만 무리하게 사업을 확대하면서 2004년에 많은 부채를 떠안고 도산했다.

바로 다음 해에 채권자인 골드만 삭스는 전국에 다양한 리조트를 다시 세우고 있던 호시노 리조트에 이 호텔의 재건 사업을 위탁했다. 하지만 이 거대한 시설을 재건하는 것은 쉬운 일이 아니었다.

먼저 재건을 위해 슬로건이 될 만한 콘셉트를 정할 필요가 있었다. 호시노 리조트에서 파견된 당시 총지배인인 사토 다이스케 씨는 호텔 직원들이 새로운 슬로건의 아이디어를 내길 기다렸다.

여러 가지 시행착오를 거듭하던 직원들은 결국 이 호텔의 매력은 설비나 금액이 아니라 '아오모리의 매력 그 자체'라는 단순한 사실을 발견했다. 그리고 그 사실을 한 줄의 문장으로 만든 것이 바로 '노레소레 아오모리'다. 직원의 90%가 아오모리현 현지인이라서 내길 수 있었던 슬로건이기도 하다.

이 슬로건이 프론트, 영업, 레스토랑 직원 모두에게 공유되고 모두가 하나가 되어 새롭게 태어나고자 하는 의식이 싹텄다.

그리고 아오모리야는 기적적으로 다시 살아났다.

POINT

스토리기술
무언가 한 가지를 철저하게 파고들면 스토리가 생긴다.

일단 선언하고 움직여라

히로시마시에 본사가 있는 '프레스타'는 60개 이상의 매장을 운영하는 슈퍼마켓 체인점이다. 1887년에 창업한 노포지만, 2014년에 '헬시스트 슈퍼가 되겠다'고 선언했다.

'헬시스트'는 건강을 뜻한 최상급 영어 표현으로, 단순히 건강한 식품을 파는 것만을 뜻하지 않는다. '의욕적인 직원이 고객을 활기차게 맞이하고, 지역의 식문화를 지키면서, 몸에 좋은 상품이 가득하다'라는 의미를 담고 있다.

프레스타에서는 직원의 건강에도 힘을 쏟는다. 가장 먼저 시작한 것이 직원의 건강을 진단하고, 대사 증후군으로 판정된 직원의 수치를 개선하는 프로젝트였다. 제휴 병원을 통한 식단 지도, 건강 상태 체크, 피트니스 센터에서 운동하기 등을 통해 수많은 직원의 건강이 개선되었다. 건강을 강조하는 회사가 건강해야 설득력이 생기기 때문이다.

그리고 '하루에 만 보 걷기', '매일 근력 운동하기', '채소 먹기' 등 전 직원의 가슴에는 명찰과 함께 분홍색 종이가 붙어 있다. 이 분홍색 종이를 통해 각자 자신의 건강 목표를 선언하는 것이다.

한편, 매장에서는 건강을 테마로 한 '나만의 건강 상품'을 늘리고, 상세한 상품 설명과 '건강해지는 식사법'을 제안하는 패널을 설치하는 등 '헬시스트 슈퍼가 되겠다'라는 선언에 걸맞은 활동을 이어나가고 있다.

또한, 각 매장에는 책임자의 사진과 이름, '6개의 약속'이라는 이념이 잘 보이게 시설물을 설치해놓았다. 이렇게 전 직원이 건강을 위해 노력하는 모습을 보면 매장에서 팔고 있는 상품에 설득력이 생긴다. 이런 노력이 높은 평가를 받아 팬도 늘어나고 있다.

POINT

스토리기술
결심을 드러내거나 선언한 다음, 그것과 관련된 활동을 하고 상품과 연관 짓는다면 스토리가 생긴다.

덩치가 작으면 작은 대로
싸워볼 만하다

대기업을 상대하는 기술

대기업에 대항하는 것을 스토리로 만들어 수많은 소비자에게 뜨거운 응원을 받은 기업이 있다.

미국 인터넷 쇼핑몰 '달러 셰이브 클럽Dollar Shave Club'은 2012년에 개업하여 단 4년 만에 10억 달러의 가치를 가진 기업이 된다.

달러 셰이브 클럽은 마이클 듀빈과 마크 레바인이 2011년에 세운 회사로, 사업의 목적은 '합리적인 가격에 정기적으로 면도기'를 제공하는 것이다.

2012년 3월, 본격적으로 인터넷 쇼핑몰을 시작했지만 큰 문제가 있었다. 달러 셰이브 클럽을 아는 사람이 없었고, 회원도 없었다. 그래서 자신들의 생각을 담은 동영상을 직접 만들고 유튜브에 올려서 홍보하기로 했다. 마이클이 동영상을 기획했고 출연도 했다. 그는 방송 금지 용어를 섞어가면서, 다음과 같은 이야기를 코믹하게 말했다.

우리 면도기는 진짜 끝내준다고!

브랜드 면도기에 월 20달러나 내고 싶어?

면도기에 진동과 라이트, 10중 날이 정말 필요해?

필요 없는 면도 기술에 돈 쓰지 말고,

매달 면도기에 들어가는 지출을 잊지 말자고.

자기 회사를 '시장의 98%를 차지하고 있던 대형 업체의 음모에 대항하는 주인공'으로 설정하고, 이 스토리를 동영상으로 만든 것이다.

단둘이 시작한 무명 기업에서 만든 이 동영상은 엄청난 반응을 불러왔고, 그들의 뜨거운 이야기에 공감하는 사람들은 계속 늘어났다. 동영상을 올린 지 겨우 이틀 만에 유튜브 조회수 950만 회, 트위터 팔로워 23,000명, 페이스북 팬 76,000명, 그리고 고객 12,000명을 확보했다. 1주일 뒤에는 회원 25,000명, 매출 180만

달러를 달성했다.

그 후로도 달러 셰이브 클럽의 회원 수는 계속 늘어나 4년 동안 320만 명의 회원을 확보했고, 2억 달러의 매출을 올릴 정도로 성공했다. 그리고 2016년 7월, 세계적 기업인 유니리버가 달러 셰이브 클럽을 10억 달러에 인수했다.

P O I N T

스토리기술
특별히 혁신적인 기술이 있었던 게 아니다. '어디에서나 팔고 있는 소모품을 정기적으로 판다'라는 아이디어에 특별한 스토리를 더해서 막대한 가치를 창출해냈다.

꼭 기억하기
작은 회사라면 '시장을 장악한 대기업에 맞서는 주인공'으로 설정해서 재미있는 스토리로 어필해보자.

5장

사람 마음을 100% 움직이는 공감의 브랜딩

"나만의 이야기를 하면 독보적인 존재가 된다"

너무 당연해서
모두가 알고 있을 거란 착각

업계 이야기 활용법

지금까지 회사나 가게가 스토리를 만들어내는 방법에 대해서 살펴봤다면, 이번에는 '개인의 스토리를 찾는 법'에 관해 소개하겠다.

개인이 스토리로 브랜딩을 하기 위해서는 무언가 '한 가지만 집중적으로 공략'해서 세상 사람들에게 당신의 존재를 알려야 한다.

한 가지를 집중적으로 공략하기 위해서는, '업계의 당연함을 언어화 하는 법'이 있다.

그 업계에 있는 사람이라면 모두가 알고 있는 당연한 지식이나, 노하우도 업계 밖의 사람에게는 몰랐던 사실인 경우가 종종 있다. 이런 지식이나 노하우를 알려주면 "몰랐던 사실이야", "대단한걸", "도움이 될 것 같아"라고 생각하게 된다.

변호사, 공인회계사, 세무사, 법무사, 노무사 등 행정 관련 직업이나 의사, 간호사, 약제사, 침구사 등 의료 관련 직업은 다른 사람에게 노하우나 지식을 전하기가 쉽지 않다.

하지만 제조, 판매, IT, 금융, 증권, 외식업, 부동산, 광고, 출판, 무역 업계 등에서 일한다면 정보를 전달하기가 유용하다.

분야로 구분해도 마찬가지다. 영업, 기획, 마케팅 등은 무언가를 전달하기 쉽다. 하지만 그렇지 않은 총무, 경리, 인사 등 관리 부문에서도 그 부서에서는 당연하지만, 모르는 사람이 들으면 감탄할 만한 지식이나 노하우가 있을 것이다.

물론 회사, 단체, 개인의 기밀은 밝히면 안 된다. 민감한 사실은 추상적으로 전달해도 괜찮다.

작가, 디자이너, 일러스트레이터, 내레이터, 사진작가 등 프리랜서로 일하는 사람이 많은 직종도 정보 전달이 유용하다.

예를 들어, 당신이 기자라고 해보자. AI가 주목받고 있는 시대, 앞으로 기자의 전망은 어두울지도 모른다. 하지만 일하면서 쌓인 취재 기술, 글쓰기 기술은 일반인이 보기에 귀중한 능력이다. 그 기술을 블로그나 SNS 등에 올리는 것이다. 이런 기술들은 직장인에게 필요한 기술이지만, 학교에서는 가르쳐주지 않는다. 그래서 당신의 글은 주목받을 가능성이 크다. 어쩌면 강연 의뢰를 받거나 책을 쓰자는 제안이 올지도 모른다.

POINT

꼭 기억하기
자신의 업계나 직종에서만 알 수 있는 지식과 노하우를 블로그나 SNS에 올려보자. 생각지도 못한 반응을 일으켜 새로운 길이 열릴지도 모른다.

자기가 좋아하는 것을
파고들어라

관심 분야 파헤치는 법

한 가지를 집중적으로 공략하기 위해서는, '내가 관심 있는 분야, 열정적으로 좋아하는 분야를 철저하게 파헤치는 법'이 있다.

'마쓰코의 모르는 세계'라는 TV 프로그램에는 여러 가지 장르를 파헤친 사람이 등장한다. 예를 들면, 빙수, 버터, 기차역 도시락, 소스, 모형 기차, 종착역, 제트 코스터, 경계선, 후지산 등반, 여행용 캐리어….

빙수 마니아는 1년에 1,800그릇의 빙수를 먹고, 버터 마니아는 하루에 1킬로그램씩 버터를 먹는 사람들이다. '나의 관심사를 철저히 파헤친다'라는 것은 바로 이 정도를 말한다.

이미 푹 빠져 있는 것이 있다면 그것을 철저히 파헤쳐보는 것도 좋다. 하지만 아직 관심사가 없는 사람도 있을 것이다. 그럴 때는 전략적으로 관심사에 빠져보는 방법도 있다.

일본 각 지역 400여 곳의 간장 창고에서 선별한 간장을 100ml 되는 작은 병으로 판매하는 전문점 '장인의 간장'을 운영하는 다카하시 만타로 씨는 학생 시절부터 창업이 꿈이었다.

하지만, 무슨 사업으로 창업할지 아이디어가 없었다. 처음에는 일반 회사에서 일하며 하고 싶은 것을 찾아보려고 했다. 그런데 3년이 지나도 하고 싶은 일은 생기지 않았다.

그러다가 시금 하고 있는 영업 일을 살릴 만한 분야를 적어보던 중 '전통 산업'이라는 키워드에 관심이 갔다. 그렇게 회사를 그만두고, 신혼여행 겸 각지의 전통 산업 현장을 보러 다니는 마케팅 여행을 떠났다. 그동안 저축한 돈으로 버티고 안 되면 회사로 돌아갈 생각이었다.

3개월의 여행을 마친 후, 다카하시 씨는 수많은 전통 산업 중에서도 '간장'에 집중하기로 결심했다. 일본주, 녹차, 된장에 비하면 전문점이 거의 없었고, 라이벌도 없었다. 자신의 영업 능력이라면 전국의 간장 장인들이 자부심을 가지고 만든 간장을 잘 팔 수 있다고 확신했다.

그때부터 다카하시 씨는 간장에 푹 빠졌다. 전국의 간장 명소를 돌면서 제조 방법과 설비에 대해 배우며 간장에 관한 지식을 쌓아나갔다. 그리고 이 간장을 100ml의 미니 사이즈로 판매하기로 결정했다. 간장은 금방 줄어들지 않기 때문에 '고객은 다소 단가가 비싸더라도 미니 사이즈로 여러 가지 간장을 사용해보고 싶어 할 것'이라고 생각했다.

이렇게 '장인의 간장'을 창업해 판매를 시작했다. 처음에는 8종류밖에 없어서 잘 팔리지 않았지만, 간장 수를 늘리면서 서서히 미디어에도 소개되고 매출이 늘어났다.

POINT

꼭 기억하기

내가 좋아하고 관심 있는 분야를 찾자. 당장 없어도 괜찮다. 내가 집중할 수 있는 것을 전략적으로 찾아도 좋다.

내가 가장 잘하는 분야를
찾아가라

'일인자'라는 말을 들으면 갑자기 신뢰가 간다.

어떤 분야든 가장 잘 아는 사람은 신뢰하기 마련이다. 그 분야에서 한 가지를 집중적으로 공략할 수 있다면 당신의 스토리가 생긴다.

법무사인 스기이 다카유키 씨는 좁은 분야에서 최고가 되어 유명해졌다. 법무사는 시험에 합격하기도 어렵지만, 합격한 후에도 사무실을 개업해서 사업을 계속하는 것이 어렵다. '개업 3년 안에 폐업률 70%'라고 알려져 있다.

하지만 NHK 방송국이라는 가혹한 직장에서 단련된 스기이 씨는 이것이 오히려 좋은 기회라고 생각했다.

'사무실을 열자마자 바로 닫는 이유는 영업 능력이 없기 때문이야. NHK 직원 시절부터 쌓아온 내 지혜와 전략, 영업 능력으로 도전한다면 분명 승산이 있을 거야.'

공부를 잘하는 편은 아니었지만, 열심히 노력해서 법무사 시험에 합격한 스기이 씨는 2015년에 사무실을 열었다. 하지만 법무사의 주요 업무인 민사 법무와 인허가 분야에는 수많은 라이벌이 있었다. 이제 막 시작하는 자신이 잘될 리가 없다고 판단했다.

고민 끝에 스기이 씨가 홈페이지에 가장 먼저 올린 것은 '반려동물 관련 법률 서비스'였다. 등록, 사망 신고, 민폐 행위에 대한 대책, 가족 일원증 발행 등을 대신 해주는 것이다.

일부러 좁은 분야를 선택했고, '반려동물과 관련된 문제는 모두 우리 사무실로 문의해주세요'라는 문구를 내세워서 눈길을 끌었다. 개 전문 케어숍, 펫숍, 브리더(강아지 번식 및 훈련, 분양하는 사람) 등에도 영업했다.

다양한 사례와 경험을 쌓으면서 전문성이 높아졌고, 본인도 개를 기르고 있어 고객과 소통하면서 신뢰를 얻을 수 있었다.

스기이 씨의 전략은 제대로 통했다.

처음에는 반려동물에 관한 일만 의뢰했던 고객도 '이런 것도 부탁해도 되나요?'라면서 문의하는 경우가 생기면서 다른 분야의 일도 많이 맡게 되었다. 그리고 이런 영업 스타일 덕분에 책까지 쓰게 되었다.

POINT

스토리기술
일인자가 되는 방법은 간단하다. 시장을 확 줄이는 것이다. 자기가 최고가 될 가능성이 있고, 이길 가능성이 생길 때까지 그 분야에서 버티면 된다.

꼭 기억하기
일단 최고가 되면 한 가지만 집중적으로 공략하기가 훨씬 쉬워진다. 영역이나 분야를 확 좁혀보자.

노하우를
단순하게 만들어라

알기 쉽게 전달하는 법

사람들에게 많이 알려지지 않은 노하우를 법칙으로 만들어 전달한다면?

그것을 알고 싶어 하던 많은 사람에게 유익할 것이다. 게다가 그 법칙이 인상적이라면, 널리 퍼져 당신의 가치를 높여줄 수도 있다.

앞에서 소개한 '스토리 황금률'이 그 예다. 할리우드 영화나 다큐멘터리에서 자주 사용되는 수법을 단순하게 언어화해서 인간들의 공통적인 감동 포인트로 소개했다.

'스토리 브랜딩'이라는 말도 마찬가지다. 사람이 왜 감동하는지에 대해 알기 쉽게 법칙으로 표현하고 싶어서 나만의 언어로 만든 것이다.

'스토리 황금률'은 책, 신문, 잡지, TV 프로그램 등 여러 매체에서 인용되었다. 특히, 신문 1면에 있는 칼럼에서 자주 인용된다. 내가 이렇게 계속 책을 낼 수 있는 이유는 처음 쓴 책에서 '스토리 황금률'이라는 나만의 법칙을 말했기 때문이라고 생각한다.

생각해보면 몹시 당연한 것을 법칙으로 만들었을 뿐이다.

다른 사람들은 그냥 '그런 스토리에 감동하는구나'라고만 생각했을 것이다. 하지만 그것을 언어화해서 '스토리 황금률'이라는 이름을 붙여 법칙으로 만들었기 때문에, 그제야 가치가 생기고 여러 사람이 인용하게 된 것이다.

당신에게도 분명 법칙으로 만들 수 있는 무언가가 있을 것이다. 평소 하는 일이어도 좋고, 취미에 관한 것이어도 좋다. 실제로 경험한 일에서 배운 교훈이라도 상관없고, SNS나 블로그 등에 올렸다가 깨달은 것이어도 좋다.

일단 그것을 법칙으로 만들어서 글을 올려보자.

괜찮은 이름이 없다면 'OO의 법칙 3가지' 등 흔한 것도 괜찮다. 그 법칙이 도움이 되었다고 생각하는 사람이 여러 명 생기면 상상 이상의 일이 일어날 수 있다.

예를 들어, 당신이 지압사라면 이런 법칙을 만들어보면 어떨까?

- 어깨결림이 사라지는 3가지 방법
- 허리 통증이 좋아지는 7가지 방법
- 두통이 완화되는 7가지 방법

이제 이것을 블로그, SNS, 유튜브, 틱톡 등에 올려보자. 생각하지 못한 반응이 생길 수 있다.

P O I N T

꼭 기억하기
당신이 가진 노하우를 법칙으로 만들고 블로그, 유튜브, SNS 등에 올려서 여러 사람이 볼 수 있게 하자.

상품 개발의 시작은 '나로부터'다

'나한테 이게 필요한데 어디 없을까?'

이런 생각을 한 적이 있을 것이다. 나와 같은 생각을 하는 사람의 비율이 낮더라도 전국이나 전 세계에서 찾으면 장사를 할 수 있을 정도는 된다.

오사카에 있는 '루카코'의 사장 센다 시노부 씨는 여성 창업가로 주목받은 인물이다.

센다 씨가 창업한 것은 2013년으로, 아이가 각각 4살, 2살 때였다. 아기를 키우다가 '아기띠'에 불만을 가졌고, 이로 인해 사업을 시작하게 되었다.

센다 씨는 사용하지 않을 때 축 늘어져 있는 아기띠가 싫었다. 아기띠를 수납하는 케이스가 있으면 좋겠는데, 어디에도 팔지 않았다. 그래서 직접 아기띠를 수납하는 케이스를 만들었는데, 친구가 자기도 필요하다고 말했다. 이 말에 힌트를 얻고 주변 엄마들에게도 이야기를 들었고, '아기띠 수납 케이스'에 대한 수요가 꽤 있다는 것을 알게 되었다.

즉시 블로그에 완성된 '아기띠 수납 케이스' 사진과 만드는 법을 올렸더니 문의가 폭주했다.

센다 씨는 더 많은 엄마들이 이것을 사용했으면 좋겠다고 생각했고, 수많은 엄마들의 의견을 듣고 보완해서 판매하기로 했다.

창업 비용은 망하더라도 낙심하지 않을 만한 금액인 5만 엔. 이 돈이 떨어질 때까지 일단 해보기로 하고 시작했다.

처음에는 누군가를 고용하겠다고는 생각하지 못했고, 그저 아르바이트를 하는 정도만 벌면 좋겠다고 생각했다. 물건이 팔리면 그 돈으로 천을 사서 만들고, 또 그 물건이 팔리면 다음 제품을 만들기 위한 천을 사서 만들었다. 그런데 점점 입소문이 나서 육아 전문 잡지에 소개된 후로는 감당할 수 없을 정도로 주문이 들어왔다.

6개월 후엔 수입도 급격하게 늘고, 아무래도 혼자서는 하기 어렵다는 생각이 들어 파트 타임 아르바이트를 모집했다. 그랬더니 이번에는 지원자가 몰려들었다. 몇 명만 채용하려고 했지만, 지원자들에게 미안한 생각이 들어서 직원 30명을 고용해버렸다. 이 인원이 모두 들어갈 장소가 필요해져서 집에서 가까운 곳에 사무실을 빌렸다.

이후 계속해서 매출이 늘어나, 지금은 수십 명의 직원과 일하고 있다. 센다 씨는 경력이 단절되었던 여성들 채용에 앞장서게 되었고, 다양한 스타트업상도 수상한 기업가가 되었다.

POINT

스토리기술
당신이 꼭 필요한 것이 있는데 그것이 시장에 없는 경우가 기회다. '내가 갖고 싶은 것'을 만들어라.

두 가지 장르를
합쳐라

어떤 분야든 100명 중 한 명이 되는 것은 누구든지 노력하면 된다. 그렇다면, 한 가지 분야가 아니라, 두 가지, 세 가지 다른 분야에서 100명 중 한 명이 되려면 어떻게 하면 될까?

다른 분야를 곱하면 된다. 그만큼 나의 희소성이 올라간다는 것이 포인트다. 20대일 때 어떤 분야에서 100명 중 한 명이 되었다면, 30대에는 다른 분야에서 100명 중 한 명이 되는 것이다. 그러면 '100분의 1 × 100분의 1 = 1만 명 중 한 명'이라는 희소성을 획득할 수 있다.

나아가 40대에도 또 다른 분야에서 100명 중 한 명이 되면 이번에는 '100분의 1 × 100분의 1 × 100분의 1 = 100만 명 중 한 명'이 되어, 엄청난 희소성을 가질 수 있게 된다.

※ 출처 : 《후지하라 가즈히로의 반드시 먹히는 1%의 사람이 되는 방법》

이것은 교육 개혁 실천가인 후지하라 가즈히로 씨의 논리다.

이 책을 읽고 있는 당신도 자기만의 전문 분야를 갖고 있을 것이다. 그렇다면 무언가 다른 전문 분야를 곱해서 당신만의 '희소성 높은 카드'를 만들 가능성이 있다.

나는 광고회사를 그만둔 후 카피라이터로 광고 제작일을 하면서 연극, 드라마, 영화의 각본을 쓰고 있었다. 하지만 모든 것이 생각만큼 잘되지 않았고 막다른 길에 서 있었다. 그때 '이 두 가지 기술을 합치면 어떻게 될까?'라는 생각이 들었다.

그래서 스토리가 가진 힘을 비즈니스에 도입하는 기술을 연구했다. 그것이 이 책에서 소개하고 있는 '스토리 브랜딩'으로 이어진 것이다.

광고 업계에서 배운 판매법, 화제로 만드는 법, 시나리오를 쓰면서 배운 이야기 만드는 법, 사람을 감동 시키는 법, 그리고 카피라이터로서 배운 강력한 말을 만드는 기술 등 지금까지 따로따로 해온 일을 하나로 합쳐서 사용할 수 있다는 것을 깨달았다.

스토리기술

한 분야에서 한 가지를 집중해서 공략할 수 없다면,

다른 분야와 합쳐서 희소성을 높일 수 있다.

꼭 기억하기

지금까지 경험한 여러 분야에서 얻은 기술을

서로 합쳐보자.

상대의 마음을 움직이는
나만의 '슬로건'

한 문장으로 정리하는 힘

이번에는 개인을 스토리 브랜딩할 때 중요한 '3가지 무기'를 차례대로 소개하겠다. 지금까지 무언가 한 가지를 집중 공략하는 법을 말했는데, 이때 이 무기를 장착하면 개인의 가치가 훨씬 올라갈 것이다. (물론, 앞에 이 무기를 먼저 내세운 뒤에 한 가지를 집중 공략하는 것도 가능하다.)

개인을 스토리 브랜딩할 때 유용한 3가지 무기는 다음과 같다.

① 상대의 마음을 찌르는 '검' : **한 문장으로 된 슬로건 (상류 카피)**

② 당신을 빛나게 하는 '거울' : **프로필**

③ 행운을 가져다주는 '구슬' : **태그**

첫 번째 무기, '한 문장으로 된 슬로건'을 만들 때는 먼저 사람들의 마음에서 무엇을 찌르고 싶은지를 생각해야 한다.

목적 여러 개를 달성하려고 하면 대부분 실패한다.

슬로건은 '스토리의 주인공'으로서 결심을 드러내는 것이다.

자기 자신을 격려하면서 목적을 되새기고, 내가 스토리의 주인공이라고, 좋은 의미에서 자신을 속인다는 목적도 있다.

단, 아무리 훌륭한 비전을 갖고 결심을 드러내도 긴 설명이 필요하다면, 사람들에게 잘 전달되지 않는다. 핵심을 담은 한 줄이 있어야 비로소 많은 사람에게 전해지는 것이다.

나는 이 한 문장으로 된 슬로건을 '상류 카피'라고 부른다.

모든 활동의 근본이 되는 중요한 말이기 때문이다('상류 카피'에 관해서는 앞에서 잘 설명했으니 다시 한 번 보고 와도 좋다).

슬로건은 '세상에 자신의 신념, 목표, 비전을 선언하는 것'이다.

하지만, 아직 그런 것을 말하기엔 이르다고 생각하는 사람도 있을 것이다. 당신이 현재 있는 단계에 따라서는 반드시 신념과 같은 큰 비전이 없어도 상관없다. 사용하는 목적에 따라 당신의 강점, 당신이 제공할 수 있는 것, 다른 사람과는 다른 것, 자신의 특징 등을 한 문장으로 나타내는 것도 좋다.

그리고 마땅한 단계에 도달했다고 느낄 때 슬로건을 다시 써보면 된다.

POINT

스토리기술
슬로건을 쓸 때 가장 조심해야 할 것은 어디에서 많이 들어본 문장, 그럴듯하기만 한 문장은 쓰지 않는 것이다.

단숨에
흥미를 유발하는 '프로필'

빛나는 프로필 작성법

개인을 스토리 브랜딩할 때 중요한 3가지 무기 중 두 번째 무기는 당신이라는 사람을 궁금하게 만들 '프로필'이다. 이건 일반적으로 생각하는 프로필이 아니다.

회사원이 프로필을 쓰면 이력서나 경력기술서처럼 되기 쉽다. 그런 프로필로는 당신의 가치를 빛나게 할 수 없다. 회사 이름이나 부서 이름을 말하지 않고 제대로 된 자기소개를 하려면 어떻게 해야 할까?

이미 브랜드를 확립한 유명인의 프로필은 짧다. 프로필로 마음을 움직이지 않아도, 그 사람의 '이름'만으로도 이미지를 떠올릴 수 있고 신뢰할 수 있기 때문이다.

하지만 대부분은 당신을 모르기 때문에 프로필로 다른 사람의 마음을 움직여야 한다. 당신이 어떤 인물인지를 알기 위해서 프로필에 의지한다. 따라서 프로필에 가장 힘을 쏟아야 한다.

'오!'라고 감탄사가 나올 만큼 대단한 경력이 있으면 좋지만, 그렇지 않다면 프로필에 스토리를 넣어서 읽는 사람의 흥미를 끌어당겨야 한다.

'나한테는 사람의 마음을 움직이는 스토리 같은 건 없어요!'

이렇게 생각할 수도 있다. 일단 나의 인생, 나의 역사를 쭉 적어 보는 일부터 시작하자. 경력을 세탁하라는 말이 아니다. 지금까지의 사실은 바꿀 수 없지만, 거기에 새로운 의미를 부여하라는 뜻이다.

참고로, '신데렐라' 같은 이야기를 참고해도 좋다. 그런 스토리에 맞춰서 프로필을 구성하면 '스토리 황금률'에 걸맞은 프로필을 만들 수 있다. 물론 스토리가 담기지 않았더라도 자기 자신의 경력을 있는 그대로 써도 사람들이 인정하는 경우에는 그대로 써도 괜찮다. 하지만 그런 경우라도 최대한 현재, 과거, 미래 순서로 쓰자.

먼저 당신의 현재의 직함과 활동을 말한다.

그다음, 어떤 계기로 지금의 활동을 시작하려고 생각했는지 과거의 포인트를 말한다.

마지막으로, 나아가 내가 반드시 실현하고 싶은 미래의 모습으로 연결한다.

POINT

스토리기술
'현재 ➡ 과거 ➡ 미래'라는 흐름으로 쓰면 자연스럽게 현재가 미래의 높은 목표를 향해 통과하는 지점이 되고, 스토리 황금률에 걸맞은 '아직은 부족한 주인공'이 될 수 있다.

상대방의 뇌 속에 나를 남기는 '태그'

행운을 운반해주는 부적

세 번째 무기는 상대에게 나를 각인시키는 '태그'다.

태그는 원래 '꼬리표, 붙이는 메모'라는 뜻인데, 여기서 발전해서 검색할 때의 '키워드'라는 뜻으로도 사용한다. 개인을 스토리 브랜딩할 때 말하는 태그는 "우사인 볼트처럼 빠르게 움직이는 마케터라고 하면 아키라 씨"처럼 그 사람의 특징을 한마디로 어필할 수 있는 키워드를 말한다.

태그는 때로 상상 이상의 힘을 발휘하고, 그야말로 행운을 가져오는 부적 같은 존재가 된다. 태그가 있으면 다른 사람의 검색에 걸리기 쉬워지기 때문이다.

이때의 '검색'은 인터넷 검색을 말하는 게 아니라, 다른 사람의 뇌 속에 남기 쉽다는 뜻이다. 어떤 문제가 생겨서 그 문제를 해결할 사람을 찾는다고 해보자. 그럴 때 상대의 머릿속에 '나를 떠올리기 쉽게' 만들려는 것이다. 상대가 나를 떠올리면 일이나 기회가 들어오는 경우가 있다.

태그는 상대에게 나에 대해 어떤 인상을 주고 싶은지를 키워드로 적은 포스트잇이라고 생각하면 된다. 이때, 문장으로 생각하기보다도 단어로 생각하면 더 많은 포스트잇을 붙일 수 있다. 키워드를 적은 포스트잇을 점점 머릿속에 붙여 나간다고 생각하자.

포스트잇은 반드시 한 가지일 필요는 없다. 하지만 일단 나에 관한 '하나의 태그'를 기억하게 해서 한 가지를 공략한 후에, 여러 가지 태그를 더해가는 것이 바람직하다.

POINT

스토리기술
한 가지를 집중 공략한 후라면 일의 본질에서 벗어난 것, 예를 들어 자신이 흥미가 있는 것이나 좋아하는 아티스트 등을 태그로 만들어도 된다. 좋아하는 아티스트를 계속해서 말하면, 어떤 계기로 상대가 당신을 떠올리기도 쉬워진다.

꼭 기억하기
나의 강점을 한 단어로 나타내는 '태그'를 만들어두자.

나쁜 기운을 몰아내는
'안티 태그'

행동지침 만들기

바로 앞에서 말한 태그는 당신에게 행운을 가져다주는 '부적'과 같은 존재다. 그렇다면 불운, 스트레스가 가까이 오지 않도록 하는 부적도 필요하다.

스트레스가 쌓이지 않게 하는 부적은 '태그'의 반대되는 의미를 가져오므로 '안티 태그'라고 하자. 태그 리스트와 마찬가지로 '안티 태그 리스트'가 있으면 그것이 당신의 행동지침이 된다.

안티 태그 리스트는 '무엇을 하고 싶지 않은지, 그리고 무엇을 하지 않을 것인지'를 정하기 위한 리스트다.

이런 안티 태그 리스트를 적극적으로 보여줄 것인지는 당신이 '자신을 어떻게 스토리 브랜딩 했는지'에 달려 있다.

예를 들어, '호리에몬'이라고 불리는 호리에 다카후미 씨(일본의 기업가이자 투자가)는 "전화는 타인의 시간을 빼앗는 행위다. 전화를 거는 상대와는 일하지 말아라"라는 말을 자주 한다. 그것이 그 사람의 '안티 태그'인 것이다.

나도 이 의견에 동의하지만, 적극적으로 말하고 다니지는 않는다. 왜냐하면, 전화가 더 정중하다고 생각하는 사람도 있고, 메일 등으로 소통하는 것을 어려워하는 사람도 있기 때문이다. 그런 이유에서 '나는 전화를 받지 않는다'라고 적극적으로 알리고 있지는 않지만, 실제로 거의 전화를 받지 않기 때문에 전화로 주고받는 스트레스가 줄었다.

이처럼 자기만의 '안티 태그 리스트'를 만들면 일을 받을지 말지 고민될 때 판단하는 기준도 되고, 하고 싶지 않은 일의 기준도 명확해진다.

이제 당신은 개인을 스토리 브랜딩할 때 유용한 무기 3가지를 손에 넣었다. 3가지 무기를 가지고 더 높은 단계를 목표로 여행을 떠나기만 하면 된다.

좋은 여행이 되기를 기원한다.

① 상대의 마음을 찌르는 '검' : **상대의 마음을 움직이는 나만의 '슬로건'**

② 당신을 빛나게 해줄 '거울' : **단숨에 흥미를 유발하는 '프로필'**

③ 행운을 운반해주는 '부적' : **나를 상대의 뇌 속에 남기는 '태그'**

　(스트레스가 쌓이지 않게 하는 '부적' : **행동 지침이 되는 '안티 태그'**)

P O I N T

스토리기술

하고 싶은 일과 마찬가지로, 하고 싶지 않은 일을 명확히 아는 것도 개인의 스토리 브랜딩을 할 때의 중요한 포인트다.

기대치 1%만
뛰어넘는 것이 전략

 # 고객의 마음을 사로잡는 법

스토리 브랜딩은 스토리를 통해 사람의 마음을 움직여서 '갖고 싶다', '사고 싶다', '공감이 간다', '응원하고 싶다' 같은 감정을 불러 일으키는 마케팅 기술이다.

영화를 예로 들어보자.

처음부터 마지막까지 모든 것을 다 알려주는 스토리라면 관객이 어떤 감정이 들까? 별로 마음이 움직이지 않을 것이다.

바로 이 원리다. 사람의 마음은 예상하지 못한 일이 일어났을 때 크게 움직인다.

상품을 팔 때도 마찬가지다. 사람은 어떤 상품을 사거나 서비스를 받을 때, 무의식중에 '대체로 이 정도인가'라는 기대치를 설정한다. 그리고 그 기대치와 일치하면 만족한다.

하지만 만족했다고 해서 무언가 특별한 감정이 피어나는 것은 아니다. 아쉽게도 만족한 마음은 금세 사라지고 만다. 이걸로는 재방문 고객을 만들 수 없다.

사람의 마음이 움직이는 것은 상품이나 서비스의 품질이 기대치보다 높거나 낮을 때다. 기대치에 못 미치는 경우라면 불만을 느낀다. 가게라면 '두 번 다시 가지 않겠다'라고 생각할 것이다. 그리고 기대치보다 훨씬 더 낮으면 분노까지 느끼며, 클레임을 걸고 싶은 마음이 들 때도 있다.

반대로, 기대치보다 높으면 어떻게 될까?

만족을 넘어서 마음이 움직이고 감동하게 된다.

하지만 비즈니스에서는 영화와 달리 기대치가 너무 높아서는 안 된다는 점을 주의하자. 너무 과한 서비스는 오히려 의심을 산다. 또, 한 번 높아진 기대치가 새로운 기준이 되어버리면 다른 방향으로 기대치를 높여야 한다. 그래서 처음에 기대치를 키워 놓으면 지속되기가 어렵다.

처음에는 아주 작게 1%만 기대치를 높여도 괜찮다.

특히 본질인 상품이나 서비스가 아니라, 고객이 기대하지 않은 부분에서 기대치가 높아지면 사람의 마음이 움직인다.

POINT

스토리기술
매번 기대치를 1%만 올려보자. 매력적인 이야기가 생길 것이다.

스토리 마케팅으로 물건을 팔아라!
매출 단위가 바뀐다

2008년, 나는 기존의 브랜딩 기술과 달리 '이야기의 힘'을 사용해서 제품의 가치를 높이는 기술을 '스토리 브랜딩(스토리 마케팅)'이라고 이름 붙였다. 그리고, 저서 《일은 스토리로 움직이자》에서 '스토리 마케팅 기술'을 발표하고 그 중요성을 알려왔다.

당시에는 아무도 이 말을 사용하지 않았다. 새로 만든 말이었지만 상표 등록은 하지 않았고, 책에서도 스토리 브랜딩이라는 키워드를 많이 써 달라고 당부했다. 말이라는 것은 많은 사람이 사용할수록 가치가 생긴다고 생각했기 때문이다.

그동안 강연이나 저서 등을 통해 스토리 브랜딩의 보급에 힘써왔다. 덕분에 요즘엔 스토리 브랜딩으로 검색하면 수많은 사이트가 나오고 있다.

'이야기의 힘으로 회사나 상품을 빛나게 한다'는 생각이 널리 퍼져서 몹시 기쁘다.

망설이지 마라!
이야기의 힘을 사용한다면 당신의 비즈니스는 더 빛날 것이다.

- 《불멸의 광고수업》 클로드 홉킨스 저, 거름 출판
- 〈채소의 매력을 전하고 싶은 '사랑의 채소 전도사'〉 코보리 나츠카, 천연생활(2021. 3. 28)
- 《기적의 사과(奇跡のリンゴ)》 이시카와 타쿠지 저, 'NHK 전문직의 의미' 제작반 감수, 겐 도샤
- 《'아사히야마 동물원' 혁명, 꿈을 실현한 부활 프로젝트(〈旭山動物園〉革命 夢を実現した 復活プロジェクト)》 코스가 마사오, 카도카와 신서
- 《마음에 박히는 '이야기'의 힘-스토리텔링으로 비즈니스를 바꾼다(心に刺さる「物語」の力 ―ストーリーテリングでビジネスを変える)》 킨드라 홀 저, 판 롤링
- 〈지키다〉 빵 '톤톤 하우스' 점장 이토 오사무, 호쿠리쿠 주니치·이시카와 TV 공동기획
- 〈상장회사대표 인터뷰 '창'〉 마스모토 다케시, 커브스 홀딩스
- 〈커브스 창업 이야기〉 커브스 홀딩스
- 〈보편을 찾아 독점적인 상품을 얻은 핫텐도〉 모리미쓰 다카마사(핫텐도 대표), 경영자통신
- 〈도산 직전에서 부활! 기적의 '크림빵' 탄생비화〉 모리미쓰 타카마사(핫텐도 대표)
- 《비치 샌들 가게 겐페이 이야기-하야마 지역에서 세계를 노리는 온리원 상점(ビーサン屋 げんべい物語―葉山の片隅から世界を狙うオンリーワン商店)》 나카지마 히로유키, 도쿠마 서점
- 〈거래처의 한마디가 계기 '도쿠시마 경제인의 결단 그때 7'〉 고바야시 골드에그(고바야 시 마사쿠 사장), 도쿠시마 신문(2019. 6. 11)
- 〈왜 '할복 모나카'? 이름을 지은 신쇼도 3대 사장 와타나베 씨에게 듣는, 신바시에서 계 속 사랑받는 화과자의 고집〉 CAKE.TOKYO팀
- 〈새로운 매력을 창조하는 비즈니스의 Re디자인 케이스: 대담한 정책으로 스키장 재건〉 맥어스, CMagazine
- 〈360도 얼음투성이! 세계 최초 & 세계 최대 얼음 호텔〉 사리넨 레이코, All About 여행
- 〈아름다운 공장 야경의 세계〉 전국공장야경도시협의회
- 〈일본 최초 '터널 극장' 시찰 승차〉 아이즈와카마츠 상공회의소

- 〈큰 반향을 일으킨 '나이시스트 피플 캠페인'〉 HONDA
- 〈이렇게 히트상품은 생겨났다!〉 '소라걸' 시리즈, 닛쇼 Assist Biz
- 〈더 많은 사람이 '하늘을 올려다보고 싶어지도록' 물건 만들기 × 환경 만들기 전략을 통한 성공: 천체망원경 국내 점유율 1위 광학기기 제조업체 빅센〉 니즈마 가즈시게 사장, 사장 '직결' 미디어
- 가나가와 태생의 스테디셀러(신에노시마 수족관), 호기심을 채우는 매력 '숙박 나이트 투어' 카나로코
- 〈일본 최초 온라인 버스 투어가 대 히트!〉 '새로운 관광'을 만들어낸 성공비결 동영상
- 〈다다미 가게가 '24시간 영업'으로 큰돈을 벌 수 있는 이유〉 이리야마 쇼에이, PRESIDENT(2017. 12. 18)
- 〈2시간 만에 완판! '식빵 전문점 토시'는 토요일밖에 만날 수 없는 환상의 가게〉 MACARONI
- 〈로콘도 '서두르지 않는 배송' 도입, 반송률 약 10%〉 물류 위클리
- 〈이노베이션을 통한 가치 창출을 목적으로 한 디자인 영역에서의 프로그램 사고 도입〉 오다 히로카즈, 타쿠마 히로키, 나가오 토오루, 쿠보타 타쿠로 저, Journal of the International Association of P2M Vol. 10 No. 1, pp. 103-116(2015)
- 〈터틀 택시! 산와교통은 왜 '재미있는 택시'를 운영하는가?〉 GAZOO
- 〈유통기한 불과 10분!? 그 이름도 '10분 몽블랑'〉 쿄토카페, nonno web
- 〈도쿄 회사 발견 이야기 핫맨〉 도쿄산업노동국
- 〈'0초 치킨 라멘' 판매 재개, '부숴 먹기 전용 라멘' 염분 50% 담백한 맛, 히트로 일시 판매 중지〉 식품산업신문(2022. 7. 24)
- 〈'비루스탠드 시게토미' 히로시마에서 마시는 궁극의 생맥주〉 Discover Japan(2019. 9. 3)
- 〈연근 삼형제의 농업〉 찾아가는 농업, 이바라키의 사람-일-말
- 〈'노하우 완전 매뉴얼화'로 안전, 안심, 맛있는 점포의 전국화〉 BIZHINT(2022. 12. 15)
- 〈푸드링크 리포트 S1 서버 그랑프리를 시작으로 외식장려정책을 연달아 제안!〉 푸드사업단체 '대박집으로 가는 길' 이사장, 시바타야 주점 시바 야스히로 대표
- 〈부활동이 즐거워! 희망자가 줄 서는 '레몬부'〉 닛케이 비즈니스(2017. 10. 4)
- 〈뽑기 운에 맡기는 '뽑기 밥(500엔)'이 니시키 휴게소에서 시작, 1등 상품인 '타마규 소고기정식 세트'로 식당에서 박수 세례 받다〉 네토라보(2017. 8. 6)

- 〈로맨틱한 재즈 명곡이 양갱으로〉나가토야 본점 생활 센다이
- 〈진화하는 '네오 화과자'〉니가타종합TV(2022. 10. 29)
- 〈모양도 이름도 너무 사랑스러워〉고시노유키 본점 야마토야 과자, 예모네
- 〈수족관에서 탄생한 빵의 인기 비밀〉타나베 요코, 판테나(2022. 7. 12)
- 〈화제만발 디저트 '완나코타'〉호외 NET
- 〈날 것으로도 안심하고 먹을 수 있고 맛도 최상인 '육상 양식' 고등어 '양갓집 규수 고등어 돗토리현 이와미초'〉이즈모 테라스
- 〈"당신의 연령대는 타깃이 아니다" 상사가 한 말의 진실〉메이지 초콜릿 혁명, 리쿠나비 NEXT저널(2018. 2. 21)
- 〈상품명만 바꿔도 매출 17배! 대단한 네이밍의 비밀〉주간 여성 편집부, 주간 여성 (2017. 12. 5)
- 〈코 셀러브리티를 즐기는 공략법〉네피아 코 셀러브리티, 일본이 키우는 아름다운 이야기
- 〈4대밖에 없는 행운 택시 '네잎클로버'〉자동차뉴스(2021. 10. 18)
- 〈교토 노포 화과자 가게를 구한 젊은 여사장의 재능〉TBS TV '결혼하면 인생격변! OO의 아내들' 취재반, 동양경제 온라인
- 〈노포서점 유린도가 만드는 기업 유튜브의 세계〉유린도 유튜브팀, 홈사
- 〈서점 직원의 실체를 드러내 팬으로 만든 채널〉홍보회의(2022. 5월호)
- 〈초인기 서점 유튜브 '유린도밖에 모르는 세계'의 미스터리 MC 북코로를 독점 취재〉, 〈문구박람회의 수수께끼를 풀어본다〉마에시마 와카나 분슌 온라인(2021. 12. 9)
- 〈자사 상품도 봐주지 않는 유튜브 '유린도밖에 모르는 세계'의 매력 소개〉ZOOREL 편집부, 코스모스 타케다, ZOOREL(2022. 4. 12)
- 〈유튜브 마케팅 전략과 그 효과란? 비즈니스를 가속화하는 동영상의 힘〉(2021. 2. 22)
- 〈유튜브 마케팅의 선구자 Suneight 5만 편 이상의 데이터로 도출하는 '동영상 SEO'〉애드 타이
- 〈고객만족도 1위 슈퍼마켓에서 찾은 오케이 스토어 공식사이트 어니스트, 너무 정직한 POP 광고에 숨은 뜻〉ITmedia 비즈니스 온라인(2022. 8. 9)
- 《어느 광고인의 고백》데이비드 오길비 저, 서해문집
- 〈영국 최대 & 가장 오래된 장난감 백화점 런던 햄리즈를 즐기는 방법〉트래블 JP
- 〈식품 슈퍼계의 마츠오카 슈조!? 열정 가득한 POP 문구가 화제인 가게 이야기〉네토라

보(2016. 8. 16)

- 〈대기업 근무라는 안정된 삶을 버리고 가업을 이은 남자의 신선도와 집념〉 J타운넷
- 《'칭찬하는 교습소'의 의욕을 키우는 법(『ほめちぎる敎習所』のやる気の育て方)》카토 코이치 저, 츠보타 노부키 감수, 카도카와
- 〈빌딩 지하인데도 줄이! 가업 이발관을 전국구로 만든 2대 사장의 진심〉 이발관 잔기리의 오히라 노리마사, (2018. 11. 16) QJnavi
- 〈이발관 잔기리가 비즈니스맨의 파워 스팟이 되기 위해 실시한 서비스〉 상업계(2018. 4월호)
- 〈제목을 가려서 매출 10배 ~ 두근두근하는 신감각 북페어〉 ORICON NEWS(2012. 9. 8)
- 〈창조와 환경 카피라이터 니시오 타다히사의 1960년대를 중심으로 한 미국 광고 아카이브〉 에이비스1-5, 니시오타다히사
- 〈빌 번백 ③: 에이비스 일간·세계 광고〉 크리에이티브, 모치즈키 가즈토
- 〈세계 최고의 일자리에 1만 8천 명 이상이 지원〉 오스트레일리아 AFP BBNEWS(2009. 2. 17)
- 〈월급 200만 엔 '세계 최고의 일자리 캠페인' 성공! 호주 퀸즐랜드주 관광홍보 전략에서 배우는 지자체의 인바운드 유치법〉 호니치라보(2017. 7. 5)
- 〈쓰텐카쿠의 역사〉 쓰텐카쿠 관광주식회사
- 〈28 project〉 시나가와 여자학원, HP
- 〈경영 위기에서 되살아난 '시나가와 여자학원', 사람을 움직이는 4가지 법칙〉 우루시 시호코 시나가와 여자학원 이사장, 다이아몬드 온라인
- 〈사회에서 활약하는 여성의 공통점〉 우루시 시호코 시나가와 여자학원 이사장, 다이아몬드 온라인
- 《게임 규칙을 바꿔라!(ゲームのルールを変えろ！)》타카오카 코조, 다이아몬드사
- 〈전 네슬레 사장이 말하는 '킷캣 수험생 응원 캠페인' 탄생 비화〉 타카오카 코오조, 젠토샤plus(2022. 11. 21)
- 〈스타벅스가 없는 돗토리현에 '스나바 커피' 오픈 때 지사도 찾아와 한마디 '스나바 향기가 퍼지는군요'〉 네토라보(2014. 4. 4)
- 〈스타벅스는 없는데 스나바는 있다: 지역 홍보로 보는 역전 마케팅 전략〉 미쓰데라 마사토, 100만 회사의 마케팅 제6호

- 〈'스나바 커피'의 위기를 기회로 바꾸는 역전의 발상〉 무라카미 아유미(긴린그룹 대표), 사업구상(2021. 5월호)
- 〈중소기업의 재미있는 발상, 오사카에서〉 야마자키 가즈시(간사이 미카타 아크스 야마자키 사장), 일본경제신문(2021. 3. 3)
- 〈육아에 딱 좋은 재봉틀〉 신사업 전개 사례(2022. 12. 7)
- 〈꾸준한 'N1 청취'가 초대박 재봉틀을 낳았다! 하락세에 있던 시장을 새롭게 개척한 '아크스 야마자키'〉 ICC 오사카 CRAFTED TOUR 리포트 #3, INDUTRY CO-CREATION(2021. 1. 28)
- 《기적을 불러들이는 힘(奇跡を呼び込む力)》 우에키 지카라, PHP연구소
- 〈커스터넷' 사회 공헌을 통해 언제나 사회와 공명하는 기업을 목표로〉 우에키 지카라, 사단법인 경영실천연구회
- 〈쓸데없이 폐기되는 '아까운 생선'을 간판 메뉴로 내건 츠키지〉 푸드링크뉴스(2015. 2. 13)
- 〈시마네 어부 마을의 아까운 생선을 사용하다〉 이데 루미, 야후 뉴스
- 〈구내식당 동쪽의 타니타, 서쪽의 얀마 서향명〉 닛케이 XTECH(2018. 1. 10)
- 〈타니타 '건강을 도모하는' 기업에서 '건강을 만드는' 기업으로〉 예방의료JP
- 〈타니타 사장이 말하는 '건강을 만드는' 새로운 도전〉 유통뉴스(2019. 7. 3)
- 〈'세계를 선도하는 타니타' 연혁과 동향〉 닛케이 비즈니스(2021. 1. 25)
- 〈농업 혁신가에게 묻는다, 앞으로 농가가 가야 할 길〉 코세가레 네트워크 미야하루 유스케, 창업수첩(2021. 11. 26)
- 〈농업을 동경하는 최고의 직업으로〉 미야하루 유스케(양돈농가·NPO 대표), WAVE+
- 〈아오모리야 아이디어를 낳는 '매력회의'에서 계속 성장하는 숙소〉 닛케이 XTREND(2018. 7. 12)
- 〈아오모리의 매력을 만끽할 수 있는 공간과 시간 제공〉 야마시타 케이조 호시노(아오모리야 총지배인), WEB히가시오쿠
- 〈관광지 경영강좌 외부 지역의 투자를 통한 숙박사업〉 사토 다이스케(호시노 리조트 해외 운영 총괄)
- 〈고객, 지역, 직원 모두를 건강하게, 지역에서 의지할 수 있는 건강 슈퍼 프레스타〉 비즈니스 서밋 온라인
- 〈점심 플러스! ~ 프레스타의 건강경영〉 RCC 라디오(2021. 3. 10)

- Dollar Shave Club Is Valued at $615 Million The Wall Street Journal(2015. 6. 21)
- 〈일본 전통 산업에 빛을 비추다: '장인 간장'〉 다카하시 만타로, GLOCALMISSSION TIMES 생활, 하세가와 히로시&리사
- 〈'창업'을 선택한 엄마의 길〉 루카코, WORKSTORYAWARD
- 《'사'가 붙는 직업으로 성공하는 아날로그 영업술!(士業で成功するアナログ営業術！)》 스기이 타카유키, 고마쇼보 신사
- 《꼭 먹을 수 있는 1%의 사람이 되는 법(藤原和博の必ず食える1%の人になる方法)》 후지와라 가즈히로, 동양경제신보사
- 《당신의 약점을 팔아라(あなたの「弱み」を売りなさい)》 가와카미 데쓰야, 디스커버21
- 《일은 스토리로 움직이자(仕事はストーリーで動かそう)》 가와카미 데쓰야, 크로스미디어 퍼블리싱
- 《가격, 품질, 광고로 경쟁하려면 돈이 아무리 있어도 부족해요(価格、品質、広告で勝負していたらお金がいくらあっても足りませんよ)》 가와카미 데쓰야, 크로스미디어 퍼블리싱
- 《물건을 파는 바보(物を売るバカ)》 가와카미 데쓰야, 카도카와 신서
- 《그 연설은 왜 사람을 움직였는가(あの演説はなぜ人を動かしたのか)》 가와카미 데쓰야, PHP 신서
- 《상류부터 시작하자(川上から始めよ)》 가와카미 데쓰야, 치쿠마 신서
- 《'환경 소비'라는 거짓말(「コト消費」の嘘)》 가와카미 데쓰야, 카도카와 신서
- 《물건을 파는 바보2(物を売るバカ2)》 가와카미 데쓰야, 카도카와 신서
- 《팔리지 않는 것을 파는 방법? 그런 것이 정말 있다면 가르쳐주세요(売れないものを売る方法？ そんなものがほんとにあったら教えてください)》 가와카미 데쓰야, SB신서
- 《이념과 경영(理念と経営)》 '작아도 반짝이는 회사'(2012. 9월호~2013년 9월호 연재), 가와카미 데쓰야, 코스모 교육출판
- 《나 마케팅(自分マーケティング)》 가와카미 데쓰야, 쇼덴샤 신서

이 외에 각 기업의 웹사이트, 블로그 등 참고. 이 책에 실린 기업, 가게, 개인 여러분에게 진심으로 감사드린다.

옮긴이 최지현

한양대학교에서 일어일문학을 전공하고 한국외국어대학교 통번역대학원 한일과를 졸업한 후 MBC 편성기획부, ㈜한국닌텐도 등 기업에서 통번역사로 근무했다. 이후 출판번역에이전시 글로하나에서 일본어 번역가로 활동하며, 일서 번역과 검토에 힘쓰고 있다. 역서로 《무조건 팔리는 심리 마케팅 기술 100》《기분의 디자인》《돈이 되는 말의 법칙》《스크럼》《오늘날의 치료 지침》 등이 있다.

무조건 팔리는 스토리 마케팅 기술 100

1판 1쇄 발행 2024년 6월 4일
1판 4쇄 발행 2024년 7월 15일

지은이 가와카미 데쓰야
발행인 김태웅
기획편집 이미순, 박지혜, 이슬기   **디자인** 호우인
마케팅 총괄 김철영   **마케팅** 서재욱, 오승수
온라인 마케팅 하유진   **인터넷 관리** 김상규
제작 현대순   **총무** 윤선미, 안서현, 지이슬
관리 김훈희, 이국희, 김승훈, 최국호

발행처 ㈜동양북스
등록 제2014-000055호
주소 서울시 마포구 동교로22길 14(04030)
구입 문의 (02)337-1737 **팩스** (02)334-6624
내용 문의 (02)337-1763 **이메일** dymg98@naver.com

ISBN 979-11-7210-029-2 03320